Sociedades Comerciais

Sociedades Comerciais

A CONSTITUIÇÃO DE SOCIEDADE COMERCIAL
COMO MEIO PARA A CRIAÇÃO DO PRÓPRIO EMPREGO

2023

Maria de Fátima Ribeiro
Coordenação

ALMEDINA

SOCIEDADES COMERCIAIS
A CONSTITUIÇÃO DE SOCIEDADE COMERCIAL
COMO MEIO PARA A CRIAÇÃO DO PRÓPRIO EMPREGO
COORDENAÇÃO
Maria de Fátima Ribeiro
EDITOR
EDIÇÕES ALMEDINA, S.A.
Avenida Emídio Navarro, 81, 3D
3000-151 Coimbra
Tel.: 239 851 904 · Fax: 239 851 901
www.almedina.net · editora@almedina.net
DESIGN DE CAPA
EDIÇÕES ALMEDINA, S.A.
PRÉ-IMPRESSÃO
João Jegundo
IMPRESSÃO E ACABAMENTO

Julho, 2023

ISBN
978-989-40-1352-5

DEPÓSITO LEGAL

ALMEDINA | GRUPOALMEDINA

NOTA DE ABERTURA

No dia 27 de junho de 2022 realizaram-se na Universidade dos Açores as II Jornadas da Pós-Graduação em Direito das Sociedades Comerciais da Escola do Porto da Faculdade de Direito da Universidade Católica Portuguesa. Atendendo às características da empresarialidade e advocacia locais, estas Jornadas foram subordinadas ao tema "A constituição de sociedade comercial como meio para a criação do próprio emprego".

Participaram nestas Jornadas alguns dos mais conhecidos especialistas nacionais em Direito das Sociedades Comerciais, que se ocuparam nas suas conferências em identificar e resolver diversos problemas relacionados com a constituição, financiamento e gestão das pequenas e médias empresas constituídas sob a forma societária.

A iniciativa, que resultou de uma cooperação entre a Escola de Direito do Porto da Universidade Católica Portuguesa e o Conselho Regional dos Açores da Ordem dos Advogados, conduziu a esta obra, que reúne os textos resultantes das conferências proferidas, agora publicados.

Porto, 18 de Maio de 2023.

MARIA DE FÁTIMA RIBEIRO
A Coordenadora Científica das Jornadas e da PG em Direito das Sociedades Comerciais

Os estatutos da sociedade por quotas familiar: algumas notas[1]

Alexandre de Soveral Martins*

1. Introdução. A sociedade por quotas familiar

Pretendemos analisar algumas possibilidades que a lei confere para modelar o conteúdo dos estatutos de uma sociedade por quotas familiar em função das necessidades da família[2]. Na ausência de uma noção comummente aceite de sociedade por quotas familiar[3], adaptamos o que surge dito no *Final Report* do *Expert Group Overview of Family Business-Relevant Issues:*

* Professor Associado, Univ Coimbra, IJ, FDUC. ORCID ID 0000-0001-6480-3492.

1 Este texto serviu de guião para a conferência que proferimos em 27 de junho de 2022 na cidade de Ponta Delgada, nos Açores, a convite da Faculdade de Direito da Universidade Católica Portuguesa (Escola do Porto) e do Conselho Regional dos Açores da Ordem dos Advogados. A conferência integrou-se no Colóquio sobre «A constituição de sociedade comercial como meio para a criação do próprio emprego». Deixamos aqui um vivo agradecimento à Senhora Professora Doutora Maria de Fátima Ribeiro, Professora da Universidade Católica Portuguesa, por nos ter contactado tendo em vista a nossa participação no referido encontro científico, bem como à Sra. Dra. Rosa Ponte, Presidente do Conselho Regional dos Açores da Ordem dos Advogados, pela forma como fomos recebidos numa das mais belas regiões de Portugal. A finalidade do texto justifica o número reduzido de notas e de referências bibliográficas.

2 Não abordamos aqui a utilidade de um acordo parassocial para a sociedade por quotas familiar. Os protocolos familiares foram analisados por nós noutra ocasião: v. Alexandre de Soveral Martins, «"Pais, filhos, primos e etc., Lda": as sociedades por quotas familiares (uma introdução)», *DSR*, ano 5, vol. 10, 2013, p. 39-74, a p. 70 e ss.. Também não falaremos do que pode ser acautelado através de doações, testamentos ou convenções antenupciais.

3 A própria noção de família terá de se adaptar às novas realidades. Sobre as solicitações que as «nuove "famiglie"» dirigem ao direito e, em particular, ao direito comercial, Manuela Tola,

Research, Networks, Policy Measures and Existing Studies, de 2009 (Comissão Europeia), quanto à empresa familiar[4].

Assim, poderemos considerar sociedade por quotas familiar uma sociedade por quotas em que: 1) A maioria dos direitos de voto pertence à pessoa física que constituiu a sociedade, ou à pessoa física que adquiriu em momento posterior uma participação na sociedade, ou aos seus cônjuges, pais, filhos ou herdeiros na linha direta; 2) A titularidade dos direitos de voto pode ser direta ou indireta; 3) Pelo menos um membro da família está formalmente envolvido na governação da sociedade[5].

O CSC confere aos sócios de uma sociedade por quotas uma considerável liberdade na redação das cláusulas estatutárias. Isso permitirá que se obtenha uma articulação mais equilibrada entre os interesses da família, os interesses dos titulares de participações e os interesses relacionados com a empresa societária. Da mesma forma, uma adequada redação dos estatutos permitirá alcançar soluções que conciliem afetos e profissionalismo.

Questões relacionadas, por exemplo, com a necessidade de garantir maior financiamento próprio para assegurar a sustentabilidade e a transmissão de valor às gerações futuras ou permitir a distribuição de dividen-

Disciplina dell'impresa e nuovi assetti familiari, Milano, Giuffrè, 2021, em especial p. 25 e, quanto a uma noção de família para o direito comercial, p. 69 e ss..

[4] «A firm, of any size, is a family business, if: 1) The majority of decision-making rights is in the possession of the natural person(s) who established the firm, or in the possession of the natural person(s) who has/have acquired the share capital of the firm, or in the possession of their spouses, parents, child or children's direct heirs. 2) The majority of decision-making rights are indirect or direct. 3) At least one representative of the family or kin is formally involved in the governance of the firm. 4) Listed companies meet the definition of family enterprise if the person who established or acquired the firm (share capital) or their families or descendants possess 25 per cent of the decision-making rights mandated by their share capital».

[5] Holger Fleischer, «An Introduction to Law and Management of Family Firms», in Holger Fleischer/Andrés Recalde/Gerald Spindler (ed.), *Family Firms and Closed Companies in Germany and Spain*, Tübingen, Mohr Siebeck, 2021, p. 1-22, a p. 8, apresenta a seguinte «working definition» de *family firm*: «(a) the majority of the decision-making rights are in the hands of the family, the *control element*, occasionally reduced to a significant influence-element, and (b) the intention of the family to pass the business on to their descendants, the *intergenerational element*». Por sua vez, Rita Lobo Xavier, *Sucessão familiar na empresa. A empresa familiar como objeto da sucessão* mortis causa, Porto, UCP, 2017, p. 18, entende que há empresa familiar quando «uma família, ou os membros de uma mesma família, são titulares do direito de propriedade sobre a empresa ou sobre a totalidade ou parte das participações na sociedade que é titular da empresa, de modo a poder determinar a orientação da sua gestão e a influenciar a sua estratégia». Os exemplos poderiam multiplicar-se.

dos para satisfazer necessidades presentes dos membros da família podem ser reguladas nos estatutos.

A forma como se realizará a transmissão da sociedade (das participações sociais) por vida ou por morte também pode ser abordada estatutariamente. O mesmo se diga quanto a alternativas que tornem mais fácil ou menos pesado o passo atrás que a sucessão geracional pode impor.

A própria formação de novos ramos familiares pode ser objeto de atenção por parte dos sócios na altura de redigir os estatutos societários. A celebração de casamentos pelos sócios dará lugar, muitas vezes, a tensões e desalinhamentos, sendo possível acautelar algumas dificuldades na redação do contrato de sociedade.

Procuraremos apresentar nas linhas seguintes algumas soluções práticas que podem evitar a destruição de valor nas sociedades por quotas. Não dar atenção ao que pode vir a suceder pode acabar por conduzir a litígios de difícil resolução, com processos a arrastarem-se em tribunal por muitos anos.

Trataremos dos seguintes temas: cessão de quotas; cláusulas de preferência; transmissão por morte; divisão de quotas; amortização de quotas; exoneração; exclusão de sócio; direitos especiais; gerência; outros aspetos.

2. Cessão de quotas

O regime da cessão de quotas, legal ou estatutário, tem considerável importância na definição dos termos em que estranhos à família podem entrar para a sociedade. Mas, por outro lado, também permite regular a saída dos membros da família que não pretendem continuar a ser sócios da sociedade por quotas familiar (ou que pretendem, pelo menos, reduzir a sua participação). Além disso, aquele regime também servirá para manter equilíbrios de poder ou para tornar mais fácil o acesso de outros familiares.

De acordo com o art. 228º, 2, do CSC, o consentimento da sociedade é requisito de eficácia da cessão de quotas em relação à sociedade. Não será exigido esse consentimento, em regra, quando se trate de cessão entre cônjuges, entre descendentes e ascendentes ou entre sócios.

Porém, pode dar-se o caso de um sobrinho do sócio membro da família ser o único que tem competências e vontade para assegurar a continuidade da família naquela sociedade. O mesmo pode suceder em relação a membros da família do cônjuge do sócio. Os sócios podem querer deixar aberta a possibilidade de a cessão de quotas ter lugar a favor de um desses sujeitos sem necessidade de consentimento da sociedade. E o art. 229º, 2, do CSC permite que o contrato de sociedade dispense o consentimento desta: quer em geral, quer para determinadas situações.

Pode também ocorrer a necessidade de assegurar que os adquirentes da quota obtenham certa formação profissional ou universitária, assim se procurando obter a preparação que a subsistência da sociedade e da sua empresa podem tornar fundamentais. O art. 229º, 5, permite que o consentimento da sociedade fique condicionado por requisitos específicos, embora com limites, e isso pode ser útil para aquele fim.

Havendo intervenção estatutária no regime da cessão de quotas, deve ser deixado claro em que circunstâncias é livre aquela transmissão. Isso evitará muitos litígios.

Sendo violada a exigência de consentimento da sociedade para a cessão de quotas, decorre do art. 228º, 2, que a transmissão efetuada será ineficaz em relação à sociedade. Mas pode ser adequado fazer constar dos estatutos outras consequências. O art 229º, 6, admite que o contrato de sociedade comine penalidades para o caso de a cessão ser efetuada sem prévio consentimento da sociedade. Também se poderão incluir cláusulas de amortização ou de exclusão.

3. Cláusulas estatutárias de preferência

Uma cláusula estatutária de preferência pode servir para impedir a entrada de estranhos na sociedade por quotas familiar ou para garantir que os equilíbrios de poder se mantenham. Desde logo, entre os vários ramos da família.

No entanto, o art. 229º, 5, do CSC estabelece que o contrato de sociedade «não pode subordinar os efeitos da cessão a requisito diferente do consentimento da sociedade, mas pode condicionar esse consentimento a requisitos específicos, contanto que (...)». Assim, uma cláusula de preferência que, sendo violada, tenha como consequência a ineficácia da cessão realizada, não é válida: viola uma norma que parece ser imperativa.

Porém, a cláusula não viola o art. 229º, 5, se a sua violação não impede a eficácia da cessão de quotas efetuada.

Que dizer, porém, se a cláusula de preferência tem eficácia real? Nesse caso, a violação da cláusula permite ao titular do direito de preferência intentar uma ação de preferência e fazer-se substituir ao adquirente inicial. Poderá dizer-se que, assim sendo, a cláusula de preferência com eficácia real subordina os efeitos da cessão à observância daquela cláusula? Será que a cessão de quotas que viola a cláusula de preferência com eficácia real é ineficaz?

Pensamos que não. Se o titular do direito de preferência com eficácia real intenta a ação de preferência e se faz substituir ao adquirente inicial, a cessão de quotas irá produzir os seus efeitos, embora perante um novo adquirente: o titular do direito de preferência. Assim, os efeitos da cessão de quotas não ficam subordinados a requisito diferente do consentimento da sociedade: os efeitos da cessão de quotas vão produzir-se na mesma.

4. A transmissão de quotas por morte

O CSC permite dizer que, nas sociedades por quotas, as participações sociais se transmitem, em regra, para os sucessores do sócio falecido. No entanto, o contrato de sociedade pode prever que as quotas não se transmitem ou sujeitar a transmissão a certos requisitos (v. o art. 225º do CSC)[6]. Esses requisitos podem ser objetivos ou subjetivos, positivos ou negativos[7].

São exemplos de requisitos objetivos os seguintes: a quota não se transmite se o adquirente se tornar titular de quotas que representem certa percentagem do capital social ou superior; a quota não se transmite se tiver já atingido certo valor nominal ou se representar já certa percentagem do capital social; a quota não se transmite se a sociedade recusar o consentimento.

Podemos também adiantar os seguintes exemplos de requisitos subjetivos: a quota não se transmite se o adquirente exercer atividade concorrente; a quota não se transmite se o adquirente não for familiar até certo grau; a quota não se transmite se o adquirente não for herdeiro legitimário[8].

[6] A admissibilidade de cláusulas restritivas da transmissibilidade por morte das quotas era discutida na vigência da LSQ: v., por todos, Azevedo Souto, *Lei das Sociedades por Quotas anotada*, 7ª ed., Coimbra, Coimbra Editora, 1972, p. 96 e s., Maria Ângela Coelho, «A transmissão *mortis* causa de quotas no anteprojecto de lei das sociedades por quotas», *RDE*, ano 2º, 1976, p. 3 ss., Raúl Ventura, *Sociedades por quotas*, vol. I, 2ª ed., Coimbra, Almedina, 1989, p. 535 e ss..

[7] Sobre a necessidade de articulação com o regime dos pactos sucessórios, Remédio Marques, «Divórcio, sucessão e participações sociais», in AAVV, *E depois do Código das Sociedades Comerciais em comentário*, Almedina/IDET, 2016, p. 113-128, a p. 122 e ss.

[8] Para mais exemplos, Remédio Marques, «Artigo 225º», in Coutinho de Abreu (coord.), *Comentário ao Código das Sociedades Comerciais*, vol. III, 2ª ed., Coimbra, Almedina, 2016, p. 425-440.

Se a quota não se transmite por força da cláusula do contrato de sociedade, a sociedade deve amortizar a quota, adquirir a quota ou fazer adquirir a quota por sócio ou por terceiro.

Porém, para que a amortização possa ocorrer é necessário respeitar o regime aplicável. E pode não ser possível amortizar a quota. O art. 236º estabelece que a sociedade («[...] só pode amortizar quotas quando, à data da deliberação, a sua situação líquida, depois de satisfeita a contrapartida da amortização, não ficar inferior à soma do capital e da reserva legal, a não ser que simultaneamente delibere a redução do seu capital». E isso mostra que a sociedade pode ter de preparar-se com larga antecedência para essa eventual amortização. Daí resultarão consequências quanto à política de distribuição de lucros e reservas. A redação do art. 217º, 1, e as possibilidades que abre aos sócios devem ser tidas em conta. A própria adoção de um regime estatutário no que diz respeito à distribuição de dividendos pode ser a forma de evitar conflitos futuros[9].

Por sua vez, a aquisição de quota pela sociedade depende do regime de aquisição de quotas próprias. O art. 220º, 4, e a remissão que daí resulta para o art. 324º, 1, b), obriga, por exemplo, a perguntar se continua a ser necessário criar a reserva ali prevista[10].

A aquisição de quota por sócio ou por terceiro depende de haver quem a queira e possa adquirir... Se, porém, surgir mais do que um interessado, haverá que fazer escolhas. O contrato de sociedade pode ter aí um papel a desempenhar ao estabelecer critérios.

5. Ainda a transmissão de quotas por morte. A transmissão dependente da vontade dos sucessores

O regime da transmissão por morte de quotas permite redigir o contrato de sociedade de forma a procurar ter em conta os interesses dos sucessores que não pretendem tornar-se titulares da quota. Esses sucessores podem

[9] Nesse sentido também, Jennifer Trinks, «Excessive Retention of Profits and Minority Protection», in in Holger Fleischer/Andrés Recalde/Gerald Spindler (ed.), *Family Firms and Closed Companies in Germany and Spain*, cit., p. 109-137, a p. 115: «Establishing a dividend policy in the articles of association allows the shaping of shareholders' expectations and can circumvent later disagreement».

[10] V., sobre o tema, Coutinho de Abreu, *Curso de direito comercial*, vol. II, 7ª ed., Coimbra, Almedina, 2021, p. 373.

querer seguir uma vida sem relações com a sociedade familiar e pode ser útil assegurar caminhos para essa saída.

E, na verdade, o contrato de sociedade pode atribuir aos sucessores o direito de exigir a amortização da quota ou condicionar a transmissão da quota à vontade dos sucessores.

Quando assim seja, após o conhecimento do óbito os sucessores têm um prazo de 90 dias para declararem por escrito à sociedade que não aceitam a transmissão (v. o art. 226º, 1).

Recebida essa declaração, a sociedade deve, no prazo de 30 dias, amortizar a quota, adquirir a quota ou fazer adquirir a quota, por sócio ou terceiro. Podem surgir, também aqui, as dificuldades acima enumeradas.

Se, naquele prazo de 30 dias, não é tomada uma das referidas medidas, o sucessor pode requerer a dissolução da sociedade por via administrativa (art. 226º, 2).

6. Divisão de quotas

O contrato de sociedade pode proibir a divisão de quotas (art. 221º, 3). Isso servirá para evitar a dispersão do capital da sociedade por quotas de valor cada vez mais reduzido. No entanto, se a proibição disser respeito à divisão por partilha ou entre contitulares, tal proibição apenas pode valer por período não superior a cinco anos. A razão de ser dessa limitação à limitação parece assentar na leitura da situação de contitularidade como algo de indesejável e a que deve ser permitido pôr fim. E também é fácil de ver que os casos de partilha ou de divisão entre contitulares podem ser de grande interesse nas sociedades por quotas familiares.

Em regra, o consentimento da sociedade não é necessário para a divisão por amortização parcial e mediante partilha ou divisão entre contitulares. É, no entanto, discutível se o contrato de sociedade pode exigir o consentimento da sociedade também para esses casos.

7. Amortização de quotas

O art. 232º, 1, mostra que a amortização de quotas pode ser permitida pelo contrato de sociedade. De acordo com o art. 233º, 1, a sociedade «só pode amortizar uma quota sem o consentimento do respetivo titular quando tenha ocorrido um facto que o contrato social considere fundamento de amortização compulsiva».

Esses factos podem ser da mais diversa natureza: morte, penhora, arresto, qualquer apreensão judicial, oneração, constituição de garantia, separação judicial de bens, separação de pessoas e bens ou divórcio, idade, doença, insolvência, venda judicial, violação de cláusula limitativa da transmissibilidade ou de constituição de usufruto ou penhor, etc.[11].

Nos casos em que o facto que permite a amortização seja determinado por decisão judicial, é importante que os estatutos esclareçam se é ou não necessário o trânsito em julgado da decisão. Evita-se com isso uma discussão prolongada sobre o sentido da cláusula estatutária.

8. Exoneração

De acordo com o art. 240º, 1, um sócio pode exonerar-se da sociedade nos casos previstos na lei e no contrato de sociedade. No entanto, a exoneração não pode ser permitida no contrato de sociedade apenas em resultado da vontade arbitrária do sócio (art. 240º, 4).

Muitas situações podem justificar uma cláusula de exoneração numa sociedade por quotas familiar: separação de bens ou divórcio, alterações de poder entre os ramos da família, impasses, mudanças de residência, atingir certa idade, existência de sucessivas perdas de exercício, recusas reiteradas de consentimento para cessão de quota[12].

Uma cláusula de exoneração pode permitir o financiamento do sócio membro da família, deixando-o sair da sociedade. O art. 240º, 4, exige que a sociedade, uma vez recebida a declaração ali prevista, no prazo de 30 dias amortize a quota, adquira-a ou a faça adquirir por sócio ou terceiro. Quando a contrapartida deva ser paga pela sociedade, os riscos para esta aumentarão se surgirem vários sócios a exercer o direito à exoneração ao mesmo tempo ou em datas próximas. Justifica-se, por isso, construir cláusulas que atenuem as consequências daí resultantes. Isso pode ser conseguido através da divisão do pagamento das contrapartidas por diversos períodos ou estabelecendo limites ou critérios que confiram algum tipo de prioridade (antiguidade, percentagem do capital social, sorteio, prioridade temporal do exercício do direito, por exemplo).

[11] Para alguns exemplos interessantes, Rita Lobo Xavier, *Reflexões sobre a posição do cônjuge meeiro em sociedades por quotas*, Coimbra, *BFD*, Suplemento, 1994, p. 152, nt. 36, 155, 157 e 158.

[12] V., para muitos dos exemplos referidos, Raúl Ventura, *Sociedades por quotas*, vol. II (reimp.), Coimbra, Almedina, 1996, p. 18-19.

9. Exclusão de sócio

Estabelece o art. 241º, 1, que o sócio pode ser excluído da sociedade «(...) nos casos respeitantes à sua pessoa ou ao seu comportamento fixados no contrato». Situações de insolvência, alcoolismo, toxicodependência ou senilidade[13] poderão justificar essa exclusão.

Numa sociedade por quotas familiar, em que as relações pessoais adquirem especial significado, deve ser dada atenção à eventual adequação de um regime estatutário para a exclusão de sócios.

10. Direitos especiais

Os direitos especiais podem ser um instrumento muito útil para permitir uma sucessão geracional tranquila. Nomeadamente, para criar estímulos que levem os sócios mais velhos a darem o lugar ou, pelo menos, maior importância, às novas gerações.

Um direito especial aos lucros, por exemplo, é permitido pelo art. 22º, 1, e pode ser convincente para que o fundador da empresa aceite ceder uma parte da quota. O mesmo se diga quanto ao direito especial à gerência: um sócio mais velho pode estar disponível para ceder uma parte da quota, mas temer que isso torne muito fácil destituí-lo da gerência.

A contrapartida para a entrada de novos sócios que são membros da família pode passar pela atribuição de um direito de designação de gerente (art. 252º, 2)[14].

O receio que o sócio fundador pode ter de vir a perder poder em resultado de uma cessão parcial da quota pode ser contrabalançado igualmente por um direito de voto duplo (art. 250º, 2).

Quando uma família é titular de bens (nomeadamente imóveis) que poderiam integrar o património da sociedade, a atribuição de direitos especiais de utilização desses bens pode fazer sentido[15]. No entanto, os direitos especiais não sobrevivem à perda da qualidade de sócio[16].

[13] V., mais uma vez, Coutinho de Abreu, *Curso de direito comercial*, vol. II, cit., p. 410.

[14] V., porém, os riscos que o art. 83º comporta.

[15] António Menezes Cordeiro/Madalena Perestrelo de Oliveira, «Artigo 24º», in António Menezes Cordeiro (coord.), *Código das Sociedades Comerciais*, 3ª ed., Coimbra, Almedina, 2020, p. 199-207, a p. 202.

[16] Pelo contrário, as vantagens especiais podem manter-se depois de cessar a qualidade de sócio: v. Elisabete Ramos, «Artigo 16º», in Coutinho de Abreu (coord.), *Comentário ao Código das Sociedades* Comerciais, vol. I, 2ª ed., Coimbra, Almedina, 2017, 298-302, a p. 300. E essas

11. Gerência

As questões relacionadas com o exercício das funções de gerente em sociedade por quotas familiar são, por vezes, melindrosas.

Quando a sociedade pertence em partes iguais a dois ramos de uma mesma família, há frequentemente a vontade de repercutir essa igualdade no número de gerentes que pertence a cada um daqueles ramos. O risco de impasse na tomada de decisões deve ser devidamente acautelado antes de os problemas surgirem.

A necessidade de ponderar os interesses da família pode conduzir a escolhas que não serão as mais adequadas quando se pretende uma gestão profissional. Os estatutos podem ser o documento adequado para se exigir experiência e qualificações tendo em vista o exercício das funções de gerente. Os requisitos podem traduzir-se na exigência de ter certas qualificações ou determinada formação académica. Outros podem também fazer sentido: pertencer à família, ser sócio, ter residência em determinados locais, não ter mais do que certa idade, etc..

No que diz respeito à designação dos gerentes, e para além do que já dissemos atrás quanto aos direitos especiais, pode fazer sentido estabelecer uma exigência de quórum reforçado para a designação dos gerentes como meio de fomentar o diálogo dentro da família (embora com o risco de gerar impasses). Um direito especial de veto (a necessidade de voto favorável de certo sócio – v. o art. 250º, 3) também pode constituir uma moeda de troca para conseguir que a geração mais nova construa o seu caminho.

O estabelecimento da duração do exercício do cargo de gerente será um instrumento para garantir a renovação. Evitar o enquistamento nos lugares constitui uma forma de procurar a inovação na sociedade. Daí que também se deva ponderar a inclusão de cláusulas que imponham a rotação dos gerentes no exercício de determinadas funções.

Nem sempre a sociedade por quotas é confrontada com a necessidade de escolher quem vai exercer o cargo de gerente perante vários interessados. Por vezes, é difícil encontrar quem esteja disponível para assumir essas funções. Daí que possa ser adequado consagrar um dever de exercer o cargo de gerente enquanto obrigação de prestação acessória[17].

vantagens especiais podem consistir na utilização de bens da sociedade: v. tb. Adelaide Menezes Leitão/José Alves de Brito, «Artigo 16º», in António Menezes Cordeiro (coord.), *Código das Sociedades Comerciais*, cit., p. 153-155, a p. 154.

[17] Aceitando a possibilidade, Raúl Ventura, *Sociedade por quotas*, I, 2ª ed., Coimbra, Almedina, 1989, p. 212.

O art. 252º, 2, abre as portas a diferentes formas de designação. A cooptação e os direitos especiais de designação de gerentes[18] são alternativas que não podem ser colocadas de lado numa sociedade por quotas familiar.

Deverá, igualmente, ser equacionada a inclusão de cláusulas obrigando a avaliações regulares dos gerentes. Isso contribuirá para evitar a formação de um espírito rotineiro e acomodado.

12. Outros aspetos

Muitas outras soluções poderiam ser pensadas. O estabelecimento de obrigações de prestações acessórias, por exemplo, pode ser adequado para vincular um sócio a só transmitir a sua quota a quem se obrigar por um protocolo familiar já existente.

Também será muitas vezes adequado alargar as matérias sujeitas a deliberação dos sócios (v. o art. 246º, 1). Sobretudo quando a gerência é entregue a quem não é sócio. No entanto, aquele alargamento deve ser estudado procurando afastar a possibilidade de impasses que paralisem a vida da sociedade. As cláusulas de roleta, de roleta modificada ou de leilão podem ser instrumentos úteis[19].

A eventual previsão estatutária de um órgão consultivo que integre membros da família não é afastada pela taxatividade dos tipos societários. Esse eventual órgão não pode ter competências que conflituem com as legalmente conferidas aos órgãos necessários[20].

Por último, lembramos que o contrato de sociedade pode alargar as causas de dissolução da sociedade (v. os arts. 141º e 142º). Essa dissolução pode ser adequada quando um sócio morre sem deixar sucessores que preencham certos requisitos.

13. Para terminar

Uma sociedade por quotas familiar será o que a família titular das quotas quiser que seja. O CSC, no entanto, abre várias possibilidades que devem ser exploradas para que a caixa de ferramentas à disposição esteja mais

[18] V., sobre as alternativas, Raúl Ventura, *Sociedades por quotas*, vol. III, Coimbra, Almedina, 1991, p. 24 e s..

[19] V., sobre isto, Coutinho de Abreu/Alexandre Soveral Martins/Carolina Cunha/Rui Pereira Dias, *Guia de boas práticas nas PME-Sociedades por* quotas, Coimbra, Instituto Jurídico/Faculdade de Direito da Universidade de Coimbra, 2021, p. 20.

[20] Coutinho de Abreu, *Curso de direito comercial*, vol. II, cit., p. 85.

recheada quando as dificuldades surgirem. Planear é também antecipar, e os cenários que se constroem quando a sociedade é constituída nem sempre são os mais realistas[21]. Entre uma família cor-de-rosa e o *worst-case scenario* sobram muitas alternativas. Algumas delas foram apresentadas acima e queremos acreditar que serão úteis a quem as ler.

[21] Referindo-se a um «over-optimism» na altura de constituir a sociedade, Jennifer Trinks, «Excessive Retention of Profits and Minority Protection», cit., p. 116.

As contribuições dos sócios para as micro, pequenas e médias empresas (MPMEs)

PAULO DE TARSO DOMINGUES*

Sumário: 1. Nota prévia: a importância das Micro e PME. 2. O movimento no sentido de agilizar e simplificar o regime das MPME. 3. Análise do regime das contribuições dos sócios. O irrisório valor mínimo da entrada e do investimento global a realizar pelos sócios. 4. As contribuições dos sócios. As entradas em serviços (proibição). 5. As entradas em dinheiro. 6. As entradas em espécie. Análise de duas particulares entradas em espécie com potencial interesse para as MPMEs. 6.1. As entradas com saber-fazer. 6.2. As entradas com o mero gozo dos bens.

1. Nota prévia: a importância das Micro e PME

Cada Micro ou PME[1] (MPME[2]), individualmente considerada, tem pouca relevância, qualquer que seja o fator por que seja perspetivada: por faturação, emprego criado, importância económica e social...

* Professor Associado com Agregação da Faculdade de Direito da Universidade do Porto / Investigador do CIJ – Centro de Investigação Jurídica/FDUP.

[1] No presente texto são usadas as seguintes abreviaturas:
CC – Código Civil
CPI – Código da Propriedade Industrial
CSC – Código das Sociedades Comerciais
DL – Decreto-Lei
EFTA – *European Free Trade Association* (Associação Europeia de Comércio Livre)

E, por isso, muitas vezes estas empresas são desconsideradas e não lhes é dado o devido relevo, a nível legislativo e pelos decisores políticos, bem como pelos estudiosos e académicos que desviam a sua atenção sobretudo para as grandes empresas, como sucede, p. ex., com o movimento da *Corporate Governance*, tão em moda no virar e início deste século, o qual está sobretudo dirigido e pensado para as empresas de grande dimensão, que assumem, em regra, o tipo de sociedade anónima[3].

A verdade, contudo, é que estas pequenas empresas – consideradas no seu conjunto – têm uma enormíssima importância na economia de qualquer país.

Elas representam, em todos os países, a vastíssima maioria das empresas, tendo, globalmente, um impacto enorme na criação de riqueza e na criação de emprego. De acordo com Grupo de Trabalho 1 da UNCITRAL[4] e o Relatório por este produzido na 25ª Sessão que teve lugar em Viena, em 2015[5], haverá cerca de 500 milhões destas empresas a nível mundial,

LSC – Lei das Sociedades de Capital (Espanha)
LSQ – Lei da Sociedade por Quotas, de 1901
MPME – Micro, pequenas e médias empresas
ONU – Organização das Nações Unidas
PME – Pequenas e médias empresas
SA – Sociedade anónima
SENC – Sociedade em nome coletivo
SQ – Sociedade por quotas
SUQ – Sociedade unipessoal por quotas
UE – União Europeia
UNCITRAL – *United Nations Commission on International Trade*
USD – dólares norte-americanos

[2] Ou, na sigla inglesa, MSMEs ("micro, small and medium enterprises").

[3] Apesar de o tipo sociedade anónima ser normalmente usado para estruturar juridicamente as empresas de grande dimensão, nada impõe que tenha necessariamente de ser assim. Na verdade, sendo o regime da SA um regime mais complexo e mais rigoroso e protetor dos credores sociais – pense-se, p. ex., no regime de fiscalização – nada impede a que os empresários possam livremente adotar este tipo social, ainda que para o exercício de modestas atividades económicas. Sobre o tema, pode ver-se PAULO DE TARSO DOMINGUES, *O financiamento societário pelos sócios*, 2ª ed., Almedina, Coimbra, 2022, p. 207.

[4] A UNCITRAL (*United Nations Commission on International Trade Law*) constituiu um Grupo de trabalho sobre a matéria – *Working Group 1 on MSM Enterprises* –, cuja atividade se pode consultar em <http://www.uncitral.org/uncitral/en/commission/working_groups/1MSME.html>.

[5] Relatório "A/CN.9/WG.I/WP.92 – Reducing the legal obstacles faced by micro, small and medium-sized enterprises (MSMEs)", que se pode encontrar em <https://uncitral.un.org/en/working_groups/1/msmes>.

que originam mais de 60% do PIB dos diferentes países e que são a fonte de mais de 70% dos postos de trabalho, nos países com economias desenvolvidas, e de cerca de 50% nos países mais pobres[6].

E se estes números, a nível mundial, são impressivos, os números na Europa são ainda mais esmagadores. De acordo com o Relatório promovido pela União Europeia e pela EFTA com a designação «Think Small First – Considering SME interests in policy-making including the application of an 'SME Test'», de março de 2009[7], as PME representam mais de 99% das empresas na União Europeia e são a fonte de cerca de 60% da receita e de 2/3 dos postos de trabalho no seu seio[8].

2. O movimento no sentido de agilizar e simplificar o regime das MPME

Este circunstancialismo levou a que algumas importantes organizações internacionais (*v.g.*, a ONU e a UE), bem como alguns países tenham vindo a criar comissões e grupos de trabalho – que têm publicado relatórios e resultados[9] – especialmente dirigidos à análise e tutela dos específicos interesses das MPME, os quais têm em especial consideração:

[6] Cfr. o Relatório referido na nota anterior, onde, a pp. 3-4, se pode ler: "The total number of MSMEs worldwide is estimated to be between 420 to 510 million businesses, of which 360 to 440 million (around 86 per cent) are in emerging markets. Of these, 36 to 44 million SMEs globally (comprising about 9 per cent of the total MSME population) are registered, i.e. they are operating within the legally regulated economy, and of these, 25 to 30 million are in emerging markets. In addition, SMEs (operating both within and outside of the legally regulated economy) account for 72 per cent of total employment and 64 per cent of Gross Domestic Product (GDP) in developed economies, while they represent 47 per cent of employment and 63 per cent of GDP in low-income countries."

[7] Relatório que se pode encontrar em <https://ec.europa.eu/docsroom/documents/10038/attachments/1/translations/en/renditions/native>.

[8] No referido Relatório "Think small first" pode efetivamente ler-se: "Small and medium size enterprises (SMEs) form the backbone of the European Union's (EU) economy. They account for 99 percent of European enterprises and generate about 58 percent of the EU's turnover, employing two thirds of the total private employment. In the last five years 80 percent of the new jobs were created by SMEs." (cfr. p. 6).

[9] Pugnando, nomeadamente, para que o processo legislativo compreenda "SME Tests", i.e., uma análise do impacto das propostas legislativas nas PME, permitindo que sejam adotadas medidas específicas (medidas *tailor-made*) para estas empresas, tais como derrogações, períodos de transição e isenções, em particular, quanto a exigências de informação ou de apresentação de relatórios (cfr. p. 12 do Relatório "Think small first").

a) a importância que globalmente elas assumem;
b) o propósito de as trazer para o "right side" (o lado certo) da economia, uma vez que muitas destas empresas permanecem (parcial ou totalmente) na economia "extralegal" ou "informal"; e
c) o facto de estas pequenas empresas serem – ou poderem ser – os embriões das grandes empresas. Na verdade, em regra, tudo o que é grande começou por ser pequeno...

A importância destas pequenas empresas justifica efetivamente que se pense e se legisle tendo em vista esta concreta realidade e não apenas tendo em atenção as dificuldades e questões colocadas pelas grandes empresas. Numa expressão frequentemente usada, a este propósito (e não só): "one size doesn't fit all"...

É preciso, efetivamente, pelas razões acima expostas, que se olhe para as particularidades destas empresas e se as acarinhe e regue com cuidado[10]; é preciso proporcionar as condições para a existência de um terreno fértil que permita que as MPME possam nascer e prosperar, bem como serem recuperadas[11], sem entraves ou dificuldades que resultem de regras que porventura só se justificarão para grandes empresas.

Disto – é preciso tê-lo bem presente – depende o sucesso (*e.g.*, económico) de qualquer país, uma vez que este assenta, em grande medida, como o demonstram cruamente os números, neste tipo de empresa.

Esta constatação tem levado, de resto, a que se assista a um movimento, a nível mundial – mas que se fez igualmente sentir no direito pátrio –, de simplificação e agilização do regime destas empresas, permitindo-se, p. ex., a constituição de sociedades unipessoais[12]. Com efeito, apesar de estas serem um contrassenso lógico – na medida em que que uma sociedade é, por natureza, uma comunidade de pessoas – visou-se, pragmaticamente,

[10] Há, aliás, um slogan originário dos EUA – e que deu o título, na Europa, ao Relatório mencionado na nota 7 – que traduz, de forma cristalina, esta preocupação e propósito: "Think small first"!

[11] Vide, a propósito, a tendência no regime insolvencial e parainsolvencial, para um regime próprio e particular para as PME (cfr., neste sentido, em matéria insolvencial, o regime que resulta da Diretiva (UE) 2019/1023 do Parlamento Europeu e do Conselho, de 20 de junho de 2019).

[12] Não há necessária correspondência entre PME e sociedades unipessoais, mas, em geral – afora o caso particular de empresas integrantes de grupos de sociedades –, estas são Micro ou PME.

com a sua admissibilidade, facilitar a constituição e exploração de empresas, por parte daqueles pequenos empresários, que pretendem exercer a atividade sozinhos, mas beneficiando da limitação da responsabilidade associada às sociedades de capitais.

O tema que nos foi proposto e que aqui vamos especialmente abordar é, no entanto, o do regime das contribuições dos sócios nas MPMEs, ou seja, o regime das entradas dos sócios para estas pequenas empresas.

A primeira nota que importa referir é a de que as MPMEs assumem, por via de regra, a forma de sociedade privada – que, no direito português, assume a designação de sociedade por quotas –, uma vez que este é o tipo societário que lhes é mais adequado, dado que apresenta um regime bem mais flexível e adaptável aos interesses dos sócios e menos oneroso e complexo que o da SA, assegurando, no entanto, tal como esta, o benefício da limitação da responsabilidade por parte dos sócios. E, por isso, facilmente se compreende que, em Portugal, onde o tecido empresarial é sobretudo composto por MPMEs – como sucede, de resto, na generalidade dos países – a esmagadora maioria das sociedades assuma a forma de SQ[13]. Iremos, por isso, assinalar aqui apenas alguns traços essenciais do regime aplicável às entradas neste tipo societário.

3. Análise do regime das contribuições dos sócios. O irrisório valor mínimo da contribuição e do investimento global a realizar pelos sócios

Em Portugal, o movimento no sentido da facilitação da constituição de pequenas empresas está relacionado com o valor mínimo que – com a alteração ao CSC efetuada pelo Decreto-Lei nº 33/2011, de 7 de março – passou a ser exigido a cada pessoa para se poder tornar sócia de uma SQ, bem como do investimento global que é exigido para a constituição deste tipo de sociedade[14].

[13] De acordo, com os últimos dados estatísticos oficiais, reportados a dezembro de 2021, que se podem consultar em <https://estatisticas.justica.gov.pt/sites/siej/pt-pt/Paginas/Entidades_inscritas_FCPC.aspx>, existem, em Portugal, 68 sociedades em comandita, 1.103 sociedades em nome coletivo, 29.845 sociedades anónimas, 396.132 sociedades por quotas e 220.418 sociedades por quotas unipessoais. Ou seja, as SQ e as SUQ correspondem a mais de 95% das nossas sociedades comerciais.

[14] Note-se que o CSC não estabelece diretamente valores mínimos para as entradas dos sócios, mas essa exigência decorre do estabelecimento de valores mínimos, seja para o capital social,

Com efeito, o CSC, na sua redação originária de 1986, manteve a exigência, no artigo 219º, nº 3 CSC, de um investimento mínimo por parte do quotista de 20.000$00 (vinte mil escudos, correspondente sensivelmente a 100 euros[15]), valor esse que foi, no entanto, reduzido para 1 euro pelo DL 33/2011.

Por outro lado, o CSC manteve igualmente, para as SQ, a exigência de um investimento global mínimo, correspondente ao valor do capital social mínimo[16], no montante de Esc. 400.000$00 (aproximadamente 2.000€)[17]. Este valor foi, entretanto, aumentado para 5.000€, pelo Decreto-Lei nº 343/98, de 6 de novembro, que veio estabelecer o regime de transição do escudo para o euro.

Hoje, no entanto, o artigo 201º CSC – com a redação que lhe foi dada pelo dito Decreto-Lei nº 33/2011 – estabelece um capital mínimo variável e que corresponde ao número de sócios multiplicado pelo valor nominal mínimo da quota, que é de 1€.

Com efeito, o DL nº 33/2011 – alterando a redação do artigo 201º CSC –, veio eliminar a exigência de um capital social mínimo de 5.000€, permitindo aos quotistas fixar livremente o valor do capital social da sociedade. Sublinhe-se, no entanto, que o novo regime não eliminou a figura do capital social, nem tão-pouco o capital social mínimo para as SQ[18]. Efetivamente,

seja para as diferentes participações sociais. Com efeito, não podendo o valor da entrada ser inferior ao valor nominal da participação social (artigo 25º CSC), daqui decorre que o valor da entrada individual de cada sócio há de ser, pelo menos, idêntico ao valor mínimo exigido por lei para as diferentes participações sociais. Por outro lado, sendo o capital social a cifra representativa da soma do valor nominal das participações sociais, a regra referida implica que a soma global do valor das entradas deverá, pelo menos, atingir o valor do capital social mínimo exigido para cada tipo social.

[15] Valor que foi "convertido" para 100 euros pelo DL 348/98, de 6 de novembro que estabeleceu o regime de transição do escudo para o euro.

[16] Regra que foi estabelecida logo na LSQ, de 1901, que introduziu em Portugal este tipo social.

[17] Na LSQ, de 1901, a cifra do capital social mínimo foi fixada em Esc. 5.000$00 (cerca de 25€). Note-se, no entanto, que – como reconhece o próprio legislador no nº 20 do Preâmbulo do DL 262/86, de 2 de setembro, que aprovou o CSC – a atualização efetuada com o CSC daquela cifra para Esc. 400.000$00 (aproximadamente 2.000€), "sendo embora igual a oito vezes o mínimo atual [o valor inicial fora, entretanto, alterado para Esc. 50.000$00 pelo DL nº 43.843 de 5 de agosto de 1961] está longe de corresponder, em termos reais, aos 5.000$00 exigidos na versão original da Lei de 11 de Abril de 1901".

[18] Com efeito, sendo cada sócio originariamente titular de uma quota (artigo 219º, nº 1 CSC), e devendo esta ter um valor nominal mínimo de 1€, o capital social mínimo passa agora a corresponder ao número de sócios multiplicado pelo valor mínimo da quota, i. é, 1€. Ou seja,

não se pode falar na eliminação do capital social mínimo para as SQ, em resultado desta alteração de regime, mas – como corretamente se designa na epígrafe do artigo 201º CSC – de um capital social livre, no sentido de que é concedida agora uma ampla liberdade aos sócios para determinar o respetivo valor. Ou seja, as SQ continuam a ter obrigatoriamente capital social, com a diferença de que foi concedida agora aos sócios uma grande liberdade na fixação do respetivo montante. No entanto, uma vez fixado estatutariamente o capital social (que continua a ser, para as SQ, um elemento obrigatório do pacto – cfr. artigo 9º, nº 1, al. f) CSC), passa a aplicar-se-lhe integralmente o respetivo regime legal, nomeadamente o rigoroso regime relacionado com a efetiva realização e conservação do capital.

Estas alterações introduzidas no nosso ordenamento pelo DL 33/2011 são, contudo, de aplaudir, dado que – como se pode ler no Preâmbulo do DL – são vantajosas para o empreendedorismo e para a liberdade de iniciativa económica, desde logo, porque deixa de existir o "travão" que, apesar de tudo, a exigência de um capital social mínimo de 5.000€ sempre implicava para a constituição de sociedades com responsabilidade limitada[19], o qual dificultava a criação de sociedades destinadas à exploração de pequenas empresas (o que já não é pouco), as quais, com o desenvolvimento da sua atividade social, poderão assumir dimensões que as tornem importantes polos de desenvolvimento regional, nacional ou até internacional[20]. Na verdade, a exigência de um determinado capital social mínimo fixo estabelecido por via legal, para além de constituir uma restrição, arbitrária e sem critério[21], à liberdade de iniciativa económica, obstaculiza, sem fun-

o capital social mínimo é agora variável – deixou de ser uma cifra fixa legalmente estabelecida –, variando em função do número de quotistas da sociedade (multiplicado pelo valor de 1€).

19 Com este novo regime poderão, contudo, ser constituídas sociedades com recursos extremamente exíguos, as quais, desse modo, e porventura em muitos casos, poderão ter sérias dificuldades em conseguir prosperar e desenvolver a sua atividade. Cfr. PAOLA BALZARINI, "La modernizzazione del diritto societario francese", *Rivista delle Società*, 2005, p. 247.

20 Recorde-se aqui apenas um exemplo que é paradigmático: o capital inicial investido no "Facebook" foi apenas de 1.000 USD (cerca de 700€), o que significa que não teria sido possível constituir esse gigante que é hoje o "Facebook" – que valerá atualmente mais de 510 biliões de USD – na generalidade dos países europeus, que continuam a exigir um capital social mínimo superior àquele montante.

21 A estipulação de um qualquer capital social mínimo pode, na verdade, ser absurdamente pequena para algumas sociedades (pense-se na tal siderurgia ou fábrica de automóveis) e manifestamente excessiva para outras (p. ex., uma pequena tabacaria que se pretenda exercer com o benefício da responsabilidade limitada).

damento sério[22], o desenvolvimento de projetos que, começando por ser pequenos, se podem tornar gigantes[23].

A nossa lei, de resto – aqui de forma algo surpreendente – não exige sequer que aquele irrisório montante que é exigido a cada sócio seja realizado no momento da constituição da sociedade, podendo sê-lo até ao final do primeiro exercício económico[24]. Ou seja, entre nós, é hoje possível constituir uma SQ, na qual os sócios podem investir valores insignificantes e sem que tenham, no momento da sua constituição, de fazer qualquer esforço financeiro, investindo nela qualquer montante[25].

4. As contribuições dos sócios. As entradas em serviços (proibição)

Relativamente às contribuições dos sócios para uma sociedade, elas podem, em geral, consistir em bens ou em serviços[26] (vide artigo 980º CC e artigo 20º CSC), podendo as entradas em bens ser uma de duas: em dinheiro ou em bens diferentes de dinheiro (também designadas entradas em espécie).

No caso das sociedades de capitais[27], não são, porém, admitidas as entradas com serviços[28].

[22] Sobre esta matéria, pode ver-se, mais desenvolvidamente, TARSO DOMINGUES, *O financiamento...*, pp. 201, ss..

[23] A fixação de um qualquer capital social, por via legislativa, é, como bem referem R. ELVIN LATTY e DONALD CLIFFORD (cfr. "Etats Unis d'Amérique", in M. ROTONDI, *Enquête comparative sur les sociétés par actions*, Kluwer, 1974, p. 851) um "gesto fútil", por não desempenhar qualquer função relevante ou eficaz, podendo, pelo contrário, traduzir-se numa restrição, infundada, à iniciativa privada e prejudicial para o empreendedorismo e para o desenvolvimento de atividades económicas.

[24] É matéria que abordaremos infra no ponto 5.

[25] Os sócios sempre terão, contudo, de suportar os custos com a constituição da sociedade.

[26] Entradas em indústria é como chama o nosso CSC às contribuições com serviços.

[27] Na categoria doutrinal de sociedades de capitais, incluímos as SA e as SQ. Porque a questão é doutrinalmente controversa, parece-nos oportuno deixar aqui, numa nota semibreve, a nossa posição sobre o assunto. É sabido que, na dicotomia sociedades de capitais/sociedades de pessoas, releva predominantemente, nas primeiras, o *intuitus pecuniae* (i. é, para o regime jurídico destas sociedades importa sobretudo a contribuição capitalística dos sócios), enquanto, nas segundas, avulta sobremaneira o *intuitus personae* (nestas, o regime jurídico tem sobretudo em conta a pessoa dos sócios). Sobre esta distinção doutrinal entre sociedades de pessoas e sociedades de capitais, veja-se V.G. LOBO XAVIER, "Sociedade comercial", *POLIS – Enciclopédia Verbo da Sociedade e do Estado*, vol. 5, Verbo, Lisboa, 2004, pp. 931, ss., e J. ENGRÁCIA ANTUNES, *Direito das sociedades*, ed. Autor, 6ª ed. Porto, 2016, pp. 149, ss..
Ora, se a consideração da SA como uma sociedade de capitais não levanta, normalmente, quaisquer objeções entre os autores, uma vez que é até apontado como o exemplo paradigmático

Têm sido várias as razões justificativas apresentadas para a exclusão destas entradas nas sociedades de capitais. Tal proibição tem sido estribada no facto de as entradas em serviços serem extremamente difíceis de avaliar[29];

daquele tipo de sociedade, já aquela qualificação é mais questionável relativamente às SQ. Entre nós, estas sociedades são por vezes consideradas uma figura intermédia entre as sociedades de capitais e as sociedades de pessoas (assim, de alguma forma, COUTINHO DE ABREU, *Curso de direito comercial*, vol. 2, 6ª ed., Almedina, Coimbra, 2019, pp. 78, ps.). No direito anterior (LSQ de 1901), o regime legal acentuava o caráter capitalístico destas sociedades, desde logo, pela consagração da livre transmissibilidade das quotas – cfr. LOBO XAVIER, "Sociedade comercial", p. 943. O atual CSC veio, no entanto, acentuar, no modelo supletivo legal (as partes contratantes têm uma ampla liberdade, neste tipo social, para moldar o pacto), alguns traços personalísticos neste tipo de sociedades, nomeadamente ao estabelecer que a cessão de quotas, para ser eficaz em relação à sociedade, tem de ser por ela consentida (artigo 228º CSC); ao limitar as pessoas que podem representar os sócios nas assembleias gerais (artigo 249º, nº 5 CSC); etc.. De todo o modo, e apesar destas características, pode considerar-se que a SQ é – continua a ser –, no essencial, uma sociedade de capitais. Neste sentido, vide também BRITO CORREIA, *Direito comercial*, 2º vol., *Sociedades comerciais*, AAFDL, Lisboa, 1989, p. 95; mas, em sentido contrário, vide ANTÓNIO CAEIRO, *As sociedades de pessoas no código das sociedades comerciais*, Coimbra, 1988. São várias as razões que justificam esta nossa posição. Desde logo, porque a maioria das características que tradicionalmente se apontam à figura da sociedade de capitais (cfr., por todos, FRANCESCO GALGANO, *Diritto civile e commerciale*, vol. 3, tomo I, Cedam, Padova, 1999, pp. 299, ss.) estão presentes nas SQ, nomeadamente o benefício da responsabilidade limitada por parte dos sócios e o facto de os poderes de administração não estarem indissociavelmente ligados à qualidade de sócio. Por outro lado, porque, no modelo supletivo da lei, a distribuição e o equilíbrio de poderes entre os sócios determinam-se, não por cabeça (como sucede nas SENC – cfr. artigo 190º CSC), mas em função da participação de cada um no capital social; ou seja, nesta questão fundamental da determinação do poder intrassocietário, o elemento relevante não é a pessoa do sócio, mas a fração do capital social de que ele seja titular. Finalmente, porque, em diferentes aspetos, é a própria lei que trata de forma unitária e idêntica aqueles tipos sociais. Sobre esta matéria, vejam-se, especialmente, LOBO XAVIER, "Sociedade comercial", p. 932, s., e COUTINHO DE ABREU, *Curso de direito comercial*, vol. 2, pp. 76, ss..

[28] Cfr. artigo 202º, nº 1 CSC para as SQ e artigo 277º, nº 1 CSC para as SA. Trata-se de uma proibição que resulta expressamente 46º, *in fine*, da Diretiva Codificadora, regime, que é, no entanto, apenas aplicável às SAs. O nosso legislador – de resto, como a generalidade dos outros legisladores europeus – alargou, no entanto, tal proibição a todos os tipos de sociedades de capitais.

[29] É inquestionável que a avaliação das entradas de indústria – devido à sua própria natureza, bem como ao facto de a duração de este tipo de entrada ser incerta – apresenta suscita algumas dificuldades. Isso não significa, contudo – como, de alguma forma, resultava dos trabalhos preparatórios da Segunda Diretiva –, que elas não sejam suscetíveis de avaliação económica. Se assim acontecesse, os serviços não poderiam nunca constituir a entrada de um sócio, qualquer que fosse o tipo social (mesmo, portanto, numa SENC) – cfr. artigo 20º CSC.

na circunstância de elas não se coadunarem com o princípio da imediata e integral liberação das entradas, em virtude do seu caráter futuro e sucessivo[30]; e ainda devido à impossibilidade de garantir e assegurar o cumprimento das mesmas, dada a impraticabilidade da sua execução forçada[31].

Por detrás das razões avançadas para justificar a proibição das entradas em indústria nas sociedades de capitais, está, pois, fundamentalmente presente a função de garantia – e a enorme relevância que lhe é atribuída nestes tipos sociais – que se assinala ao capital social, a qual não seria alcançada com as entradas em serviços[32]. Na verdade, é precipuamente esta finalidade de tutela dos terceiros credores que determina a inadmissibilidade, nas sociedades de capitais, das entradas de indústria, visando-se, com isso, obviar a que no capital social seja levado em consideração um valor referente aos serviços prestados por um sócio, valor esse que pode, de todo, não corresponder àquilo que efetiva e realmente o serviço vale (seja porque foi mal avaliado, seja porque, tendo-se comprometido a realizar determinado trabalho, esse sócio não o efetua), e que, por outro lado, não se apresenta como um meio de garantia para os terceiros credores. Fala-se, a este propósito, na incerteza (quanto à determinação do valor da entrada) e perigosidade (no que respeita às consequências da imputabilidade de uma tal entrada no capital social) das entradas em indústria-

[30] De facto, ao contrário do que sucede com as entradas em bens que deverão ser realizadas, em princípio, até ao momento da celebração do contrato de sociedade (cfr. artigo 26º CSC), as de indústria serão realizadas ao longo da vida da sociedade, não ficando, em princípio, integralmente liberadas naquele momento.

[31] Desde logo, porque hoje ninguém pode ser forçado a trabalhar contra a sua vontade (*nemo cogi potest ad factum* – cfr. VIVANTE, *Trattato di diritto commerciale*, vol. II, Vallardi, Milano, 1928, p. 164). Por outro lado, porque a entrada de indústria de um sócio consubstanciará, normalmente, uma prestação de facto infungível – dado o *intuitus persona*e que, em menor ou maior grau, sempre lhe estará subjacente –, o que impossibilita que a prestação seja efetuada por outrem à custa do sócio (cfr. artigo 828º CC). Vide OLIVIERI, *I conferimenti in natura nella società per azioni*, Cedam, Padova, 1989, p. 54, s., e DANA-DÉMARET, *Le capital social*, Litec, Paris, 1989, pp. 84, ss..

[32] É este, sem dúvida, o principal fundamento – se não o único – que esteve por detrás do regime consagrado no artigo 7º da Diretiva do Capital. Cfr. OLIVIERI, *I conferimenti...*, pp. 58, ss. e p. 71. SIMONETTO considera que resulta da lei, *rectius*, de todo o sistema jurídico, um constante paralelismo entre capital e garantia, pelo que todas as entradas contabilizadas no capital social deverão ser aptas a desempenhar tal função de garantia dos credores. Cfr. SIMONETTO, "Concetto e composizione del capitale sociale", *Rivista del Diritto Commerciale*, 1956, pp. 133, ss..

A verdade é que, hoje, nenhuma destas objeções colhe e merece respaldo para fundamentar a proibição das entradas em indústria nas sociedades de capitais. Com efeito, a questão da avaliação das entradas – e da sua dificuldade – põe-se com idêntica pertinência relativamente a alguns bens que podem constituir a entrada (em espécie) de um sócio: pense-se, p. ex., nos direitos sobre marcas, no *know-how*, nas patentes, no aviamento de uma empresa (que poderá ter de ser estimado para se determinar o valor desta), etc.; por outro lado, a questão do caráter futuro e sucessivo das entradas em serviços coloca-se, em termos idênticos, relativamente às entradas com o mero gozo dos bens[33]; finalmente, as objeções que se levantam a propósito do (in)cumprimento das entradas em indústria não são substancialmente diferentes daquelas que se colocam igualmente a propósito das entradas com o mero gozo dos bens[34].

Importa, por outro lado, ter presente que, na hodierna atividade económica, assumem cada vez maior relevo – sobretudo na chamada *new economy* – os serviços e conhecimentos que certas pessoas podem prestar ao desenvolvimento de um determinado projeto[35]. Não faz, por isso, sentido obrigar essas pessoas – querendo-se que elas participem do grémio societário – a realizar a sua entrada com bens, quando o que, na verdade, se pretende é a colaboração e os serviços que as mesmas possam prestar à sociedade.

[33] Cfr. OLIVIERI, *I conferimenti...*, pp. 51, ss., e DANA-DÉMARET, *Le capital social*, pp. 81, ss.. Sobre as entradas com o mero gozo de bens, vide TARSO DOMINGUES, *O financiamento...*, pp. 232, ss., e infra ponto 6.2..

[34] Olivieri chega mesmo a equiparar o regime do incumprimento de uma entrada em indústria ao regime do sócio moroso que realizou – e diferiu parcialmente – uma entrada em dinheiro (cfr. OLIVIERI, *I conferimenti...*, pp. 54, ss.). Haverá, de facto, em ambos os casos, o inadimplemento de obrigações a que se deverá aplicar o respetivo regime jurídico, bem como o regime geral do incumprimento das obrigações, quando for caso disso. Poderá, assim, prevenir-se o incumprimento da entrada com serviços através do estabelecimento de uma cláusula penal (cfr. DANA-DÉMARET, *Le capital social*, pp. 84, ss.), bem como poderá o sócio remisso ser responsabilizado, nos termos gerais, pelos danos causados à sociedade pelo seu comportamento faltoso. Por outro lado, importa ter presente que a própria lei estabelece medidas severas que visam assegurar o cumprimento da entrada de indústria. Com efeito, a impossibilidade de o sócio de indústria prestar à sociedade os serviços, a que se obrigou, é sancionada com a pena capital em direito societário: a exclusão da sociedade (cfr. artigo 186º, nº 1, al. b) CSC).

[35] Note-se que, nesta matéria (quando está sobretudo em causa a transmissão de conhecimentos técnicos), nem sempre será fácil distinguir e traçar a linha de fronteira entre o que é entrada em indústria e entrada in natura. Vide DANA-DÉMARET, *Le capital social*, pp. 87, ss. e 91, ss..

E, sublinhe-se ainda, esta proibição – relativa à admissibilidade das entradas em indústria – poderá também constituir-se como um entrave ao empreendedorismo e ao desenvolvimento de relevantes projetos societários[36].

Por isso, tudo somado, parece-nos que, de *iure condendo*, deverá admitir-se, mesmo para as sociedades de capitais, as entradas de indústria[37]. Permitir-se-á, com isto e para além do mais, que a situação da sociedade seja mais fielmente retratada – com vantagens também para os credores que ficam com uma informação verdadeira e mais rigorosa sobre a sociedade – nos casos (que se verificam já!) em que o sócio entra para uma SQ com os seus serviços, mas em que, por força da proibição legal quanto a este tipo de *apport*, se declara ter realizado uma entrada com bens. De facto, não se vê por que será necessário que Bill Gates ou Mark Zuckerberg realizem uma entrada em dinheiro – que qualquer outro poderia realizar – para serem sócios de uma SQ em Portugal, quando o que se pretende é a sua colaboração, o seu trabalho para essa sociedade (que mais ninguém poderá prestar em condições idênticas)[38]. E, de forma idêntica, não se percebe porque se deve impedir uma cozinheira exímia entrar para uma sociedade com os seus serviços de culinária, que podem ser absolutamente decisivos para o sucesso de tal sociedade...

Parece-nos, por isso, inquestionavelmente que este tipo de entrada deve passar a ser admitido nas SQ. Para esse efeito, e mantendo-se a figura do capital social, a melhor e mais simples solução será através da criação de "quotas industriais", i. é, de quotas correspondentes às entradas em indústria.

[36] Convocamos aqui o exemplo do "Facebook", onde, como é sabido, a entrada fundamental para o sucesso da empresa foi a realizada por Mark Zuckerberg, com o seu trabalho e os seus conhecimentos técnicos.

[37] Trata-se, de resto, de uma solução que foi já perfilhada nos EUA (cfr. Sec. 6.21(b) do *Revised Model Business Corporation Act*), bem como em Itália (vide artigo 2464 *codice civile*, após a reforma do direito societário operada pelo Decreto legislativo, de 17 de janeiro 2003, nº 6) e em França (cfr. o artigo L. 227-7 *code de commerce*, com a redação que lhe foi dada pela Lei 2001-420, de 15 de maio de 2001), para o tipo correspondente à nossa SQ (SRL e SARL, respetivamente). Esta solução é igualmente admitida no direito britânico (vide Sec. *585 Companies Act* 2006, que apenas proíbe este tipo de entradas para *as public companies* e já não para as *private companies*) e era também o caminho propugnado na Proposta, entretanto abandonada, de Regulamento sobre a *Societas Privata Europaea* (SPE).

[38] regime deste tipo de entradas não deverá ser, no entanto – como sucede em Itália, em França e também sucedia na Proposta de Regulamento da SPE –, uma "página em branco". Sobre a questão, vide TARSO DOMINGUES, É justificável a proibição das entradas em indústria nas sociedades de capitais?", *Os 10 anos de investigação do CIJE*, Almedina Coimbra, 2010, pp. 829, s..

Trata-se, efetivamente, de uma solução que apresenta vantagens evidentes: não implica profundas alterações de regime, adequa o tipo legal às necessidades da *praxis* societária, e não se transmite qualquer indicação errónea aos credores sobre o valor ou a consistência do património social líquido resultante da cifra do capital social (conquanto o valor das entradas em indústria não seja ali contabilizado).

5. As entradas em dinheiro

As entradas em bens podem ser, como se disse, apenas uma de duas: entradas em dinheiro e entradas em espécie, que são, portanto – atenta a proibição das entradas em indústria (cfr. artigo 202º, nº 1 CSC) –, os únicos tipos de entrada admissíveis nas SQ. Não há um *tertium genus*[39].

As entradas em dinheiro, tendo em conta a finalidade de assegurar que o valor do capital social ingressa realmente no património social, devem necessariamente ser realizadas em moeda com curso legal em Portugal, vale dizer, em euros. É a solução que resulta do facto de aquelas entradas serem diretamente contabilizadas no capital social, sem necessidade de qualquer estima ou avaliação quanto ao seu valor. Com efeito, uma vez que o capital social "deve ser sempre e apenas expresso em moeda com curso legal em Portugal" (cfr. artigo 14º CSC), aquela imputação direta das entradas em dinheiro só será possível se estas entradas forem efetuadas na mesma unidade de medida, ou seja, em eurosDaqui resulta, consequentemente, que a realização da entrada com moeda estrangeira fica sujeita ao regime das entradas em espécie[40].

[39] Esta é a solução consagrada na generalidade dos ordenamentos jurídicos, nomeadamente na Alemanha, onde, no que às entradas em bens diz respeito, apenas se distingue entre entradas em numerário (*Bareinlagen*) e entradas em espécie (*Sacheinlagen*). Cfr. K. SCHMIDT, *Gesellschaftsrecht*, Carl Heymanns Verlag, Köln, 2002, § 20, II, 3, ALFONS KRAFT, *Kölner Kommentar zum Aktiengesetz*, Band 1, Carl Heymanns Verlag, Köln, 1988, § 27, pp. 345, ss.. Em Itália, porém, a lei distingue três espécies de entradas de capital: as entradas em dinheiro, as entradas *in natura* e as entradas com créditos (cfr. artigo 2342 *codice civile* e RIMINI, *La mancata attuazione dei conferimenti in natura nelle società per azioni*, Giuffrè, Milano, 1993, pp. 71, ss.). Em Espanha, para além das entradas em dinheiro, a LSC expressamente refere como sub-espécies de *aportaciones no dinerarias*, as entradas com bens móveis ou imóveis, as entradas com créditos e as entradas com uma empresa ou estabelecimento (cfr. artigos 61 a 66 LSC e SÁNCHEZ CALERO, *Instituciones de derecho mercantil*, I, *Introducción, empresa y sociedades*, Mc Graw-Hill, Madrid, 1998, pp. 305, ss.).

[40] No mesmo sentido, TRIUNFANTE, *O regime das entradas na constituição das sociedades por quotas e anónimas*, Coimbra editora, Coimbra, 2014, p. 45.

Note-se, no entanto, que às entradas em dinheiro propriamente ditas (entradas em numerário) devem ser equiparadas as entradas com cheque ou transferência bancária de valor correspondente[41], considerando-se a obrigação cumprida, nestes casos, quando o respetivo valor ficar na disponibilidade da sociedade[42].

O regime legal visa assegurar, também para as entradas em dinheiro, a observância do princípio da exata formação, estabelecendo regras e controlos que pretendem garantir que o valor de tais entradas ingressa efetivamente no património da sociedade. Em todo o caso, este regime de verificação da realização das entradas em dinheiro – dado o novo enfoque e a desvalorização que vem sendo dada à figura do capital social, e, em particular, à função de garantia que lhe é atribuída – tem vindo a ser flexibilizado e suavizado, sobretudo no que diz respeito às SQ, relativamente ao regime originário do CSC, que era, nesta matéria, bem mais severo e rigoroso.

Efetivamente, neste tipo societário, antes da reforma do DL 33/2011, de 7 de março, as entradas em dinheiro deveriam ser depositadas numa instituição bancária, devendo os sócios declarar, no momento da constituição da sociedade, que aquele depósito foi efetuado (cfr. a redação anterior do artigo 202º, nº 4 CSC)[43]. Com o novo regime legal, deixa de ser necessário qualquer depósito bancário das entradas em dinheiro. A lei basta-se agora com a declaração de cada sócio[44] que, sob sua responsabilidade, confirme que já procedeu à entrega do valor da sua entrada ou que se compromete a entregá-lo, até ao final do primeiro exercício económico[45], "nos cofres da sociedade"[46].

[41] Assim, COUTINHO DE ABREU, *Curso de direito comercial*, vol. 2, p. 259, e P. OLAVO CUNHA, *Direito das sociedades comerciais*, 7ª ed., Almedina, Coimbra, 2019, p. 309.

[42] Assim, COUTINHO DE ABREU, *Curso de direito comercial*, vol. 2, p. 259.

[43] Na redação inicial do CSC, o regime era ainda mais rigoroso: era necessário apresentar ao Notário, aquando da escritura pública de constituição da sociedade, a guia de depósito das entradas numa instituição bancária. Esse regime foi alterado com o DL 237/01, de 30 de agosto, a partir do qual a apresentação da guia de depósito passou a poder ser substituída pela declaração dos sócios.

[44] A declaração deve ser efetuada individualmente por cada sócio, relativamente à entrada por si realizada.

[45] Deve considerar-se – nos termos do artigo 26º, nº 2 CSC – que o exercício económico relevante para este efeito é o primeiro exercício após o registo definitivo da sociedade.

[46] É, no mínimo, curiosa esta obrigação de que as entradas sejam entregues nos "cofres sociais". Não é, porém, exigível que toda e qualquer sociedade disponha de um cofre. Por

Trata-se de uma norma de esdrúxula interpretação. Parece, de todo o modo, que – cotejando esta norma com a do artigo 199º, al. b) CSC – o que legislador terá pretendido, neste caso, é assegurar que o valor nominal mínimo da quota e, portanto, da entrada (i. é, 1 euro – cfr. artigo 219º, nº 3 CSC) seja realizado no momento da celebração do contrato de sociedade ou, o mais tardar, até ao final do primeiro exercício económico[47]. Se o sócio diferir para o final do primeiro exercício a realização desta sua entrada mínima, deverá ele, na primeira assembleia geral anual da sociedade subsequente a tal data, emitir a declaração acima mencionada (cfr. artigo 202º, nº 6 CSC).

Note-se que com o atual regime fica francamente fragilizada a efetiva realização das entradas em dinheiro, uma vez que – bastando-se a lei com a mera declaração dos sócios[48]– se torna extremamente fácil não dar cumprimento a esta obrigação. Tenha-se, no entanto, presente que o(s) sócio(s), que preste(m) a declaração de que as entradas em dinheiro foram realizadas quando tal não corresponda à verdade, fica(m) sujeito(s) a responsabilidade civil (artigo 71º CSC)[49] e penal (artigo 519º CSC).

Quanto ao destino e à utilização das contribuições dos sócios, por parte da sociedade, importa começar por sublinhar que as entradas não se destinam a ficar intocadas no "cofre" da sociedade, mas a ser utilizadas na prossecução da atividade societária[50].

O CSC veio, no entanto, originariamente, instituir um regime particular, para as SQ – que era idêntico ao previsto para as SA –, que estabelecia

isso, o requisito legal deve ter-se por cumprido desde que o valor da entrada ingresse no património social, qualquer que seja a forma que esse movimento revista: por transferência ou depósito bancário, entrega diretamente à gerência da sociedade, etc.

[47] Cfr. M. ELISABETE RAMOS, "Artigo 199º", em *Código das Sociedades Comerciais em comentário*, vol. III, 2ª ed., Almedina, Coimbra, 2016, anotação 1.3. ao artigo 199º CSC.

[48] De resto, compreende-se mal que sejam os próprios sócios – i. é, os devedores – a atestar que cumpriram a obrigação que sobre eles impendia. Seria mais curial e faria mais sentido que tal declaração fosse emitida pela gerência da sociedade.

[49] Note-se que a responsabilidade civil é uma responsabilidade que se estende a todos os sócios fundadores – que responderão solidariamente –, a menos que provem que ignoravam, sem culpa, a falsidade da declaração (cfr. artigo 71º, nº 2 CSC).

[50] O valor global das entradas (e o correspondente valor do capital social) pode, por isso, não existir no património social, ao contrário do que muitas vezes se ouve. Com efeito, sendo o valor das entradas destinado a ser usado na exploração societária, pode suceder que ele desapareça por forças das vicissitudes da vida empresarial...

graves limitações à utilização das entradas em dinheiro antes do registo definitivo da sociedade. Trata-se, no entanto, uma vez mais, de um regime que foi já totalmente abandonado para as SQ.

Nas SQ, antes da alteração de 2011, as entradas em dinheiro – que deveriam ser depositadas numa instituição bancária – só poderiam ser levantadas pelos gerentes, antes do registo definitivo da sociedade, em casos limitados previstos no nº 5 do artigo 202º CSC. Esta norma foi, contudo, eliminada pelo referido DL 33/2011, o que significa que agora não há qualquer restrição à possibilidade de os gerentes, imediatamente após a realização das entradas, as utilizarem como bem entenderem, não necessitando de qualquer autorização dos sócios para esse efeito.

Finalmente, importa fazer referência a um outro importante aspeto do regime das entradas em dinheiro, que se prende com a possibilidade de realização diferida deste tipo de entrada e cujo regime, para as SQ, foi igualmente profundamente alterado pelo DL 33/2011.

Até à alteração, em 2011, do CSC por este diploma, o artigo 202º, nº 2 CSC estabelecia expressamente a possibilidade de diferimento de 50% das entradas em dinheiro, devendo, contudo, estar necessariamente realizado, no momento da constituição, o montante do capital social mínimo, que então era de 5.000€.

Também norma foi revogada pelo DL 33/2011, pelo que, hoje, poderá ser diferida a totalidade das entradas em dinheiro, pelo prazo máximo de 5 anos (cfr. artigo 203º, nº 1 CSC). Desta baliza temporal, deve entender-se que fica apenas excecionada a "bizarra" obrigação da realização de um euro por cada sócio, valor que terá necessariamente de ser pago até ao final do exercício económico.

Esta é, assim nos parece, a solução que resulta do novo regime resultante do DL 33/2011, quanto à realização das entradas em dinheiro nas SQ, que, diga-se, é claramente confuso e de difícil compreensão. Com efeito, o artigo 26º, nº 2 CSC estabelece agora a possibilidade de as entradas serem realizadas "até ao termo do primeiro exercício económico, a contar da data do registo definitivo do contrato de sociedade". É um regime para o qual não se descortina qualquer fundamento – e cuja justificação não se encontra também no preâmbulo do DL –, e que suscita as maiores perplexidades. Não se compreende, antes de mais, o sentido e a finalidade da fixação do final do primeiro exercício para a realização das entradas, solução que, pelo menos aparentemente, é contraditória com o regime do artigo 203º, nº 1 CSC que permite o diferimento das entradas até ao prazo máximo de 5 anos[51]. Ora, mantendo-se em vigor o artigo 203º CSC – se outro fosse o resultado pretendido pelo legislador do DL 33/2011, seguramente que este teria revogado expressamente esta norma – não se poderá deixar de considerar que o regime de diferimento das entradas em dinheiro, nomeadamente o respetivo prazo máximo, é o prazo de 5 anos fixado neste artigo 203º, nº 1 CSC. Donde, o diferimento das entradas em dinheiro poderá ser fixado antes do fim do exercício económico, até ao final do exercício ou depois dele (com o limite de 5 anos).

Parece-nos, por isso, que a única forma de dar sentido útil à disposição do artigo 26º, nº 1 CSC é – cotejando o disposto no artigo 26º, nº 2 CSC com o estatuído no artigo 199º, al. b) CSC – a de considerar que os sócios, quando não o façam no momento da celebração do ato constitutivo, devem necessariamente realizar e entregar à sociedade até ao final do exercício económico, pelo menos, o valor mínimo de um euro pela quota que cada um subscreve[52].

Note-se que, se no pacto social se fixar prazo superior a 5 anos[53], deve o mesmo considerar-se reduzido aos limites previstos no artigo 203º, nº 1 CSC.

O pacto pode, no entanto, não fixar o prazo para a realização das entradas em dinheiro. Do artigo 203º, nº 1 CSC não resulta, de facto, a obrigatoriedade de fixação contratual do tempo do cumprimento; i. é, pode no pacto convencionar-se o diferimento das entradas em dinheiro, sem que se concretize o momento para a realização das mesmas.

[51] TRIUNFANTE, *O regime das entradas...*, pp. 223,s s., numa construção artificiosa que procura dar coerência ao regime legal, estribando-se essencialmente no elemento gramatical, distingue entre o regime de diferimento da entrada (a que se referirão os artigos 26º, nº 3 e 203º CSC) e o regime da realização da entrada, que poderá agora ser efetuada até ao momento da celebração do contrato de sociedade (artigo 26º, nº 1 CSC) ou até ao final do primeiro exercício económico (artigo 26º, nº 2 CSC). Nesta última vertente de "realização" da entrada, o sócio "entrará imediatamente em mora se não entregar as quantias devidas até ao final do prazo previsto, sem necessidade de nenhuma interpelação e/ou prazos adicionais" (p. 232).

[52] Podendo todo o montante remanescente da entrada em dinheiro ser diferido até ao prazo máximo de 5 anos previsto no artigo 203º CSC.

[53] O prazo poderá ser inferior a 5 anos, quando se tenha convencionado um período de duração para a sociedade; nesta hipótese, o prazo máximo para a realização das entradas em dinheiro corresponderá a metade da duração da sociedade, se este limite for inferior aos 5 anos.

Nesta circunstância, no silêncio do ato constitutivo quanto ao tempo de realização das entradas diferidas, são avançadas três soluções possíveis quanto ao regime aplicável *in casu*:

i) Menezes Cordeiro[54], considerando que o sistema legal visa dar segurança aos sócios, escreve: "ou a entrada pode ser aproximada de algum facto *certus an incertus quando* e a entrada vence com a ocorrência desse facto ou tal não sucede e funcionam os prazos máximos legais";

ii) Armando Triunfante[55] entende que a fixação de prazo para o cumprimento da obrigação de entrada tem necessariamente de constar dos estatutos. Se tal não suceder, aplicar-se-á o regime do artigo 26º, nº 1 CSC e, por isso, os sócios têm de realizar imediatamente a sua entrada;

iii) Parece-nos, contudo que a melhor solução, porque o regime legal está precipuamente ordenado à tutela do interesse da própria sociedade no recebimento das entradas dos sócios, será a de considerar aplicável o disposto no artigo 777º CC: a sociedade poderá a todo o tempo exigir o pagamento das entradas em falta, e, do mesmo modo, o sócio poderá exonerar-se a todo o tempo dessa obrigação[56].

6. Entradas em espécie. Análise de duas particulares entradas em espécie com potencial interesse para as MPMEs

As entradas em espécie são as entradas em bens diferentes de dinheiro (cfr. artigo 28º CSC). O respetivo regime está regulado na Parte Geral do CSC, pelo que o mesmo é aplicável a todos os tipos sociais e não apenas às SQ.

O regime destas entradas apresenta três traços característicos: 1) imediata liberação; 2) avaliação por um ROC; e, 3) responsabilidade pela diferença. Vejamos brevemente em que se traduz cada um deles.

O nosso CSC não prevê – diferentemente do que sucede com as entradas em dinheiro – a possibilidade do diferimento da realização das entradas em espécie (cfr. artigo 26º CSC), pelo que estas entradas devem ser

[54] Vide MENEZES CORDEIRO (2020), p. 740

[55] Cfr. TRIUNFANTE, *O regime das entradas...*, pp. 244, ss..

[56] Assim também, VENTURA, *Sociedades por quotas,* vol. 1, Almedina, Coimbra, 1989, p. 138, e COUTINHO DE ABREU, *Curso de direito comercial*, vol. 2, p. 270.

integralmente liberadas até ao momento da celebração do ato constitutivo da sociedade. Refira-se que esta imediata liberação implica tão-só – atento o princípio consensualístico que vigora no nosso ordenamento jurídico – que o ato de transmissão tenha de estar realizado até ao momento da constituição da sociedade, não sendo necessário, para aquele desiderato, que até à mesma data deva ser feita a entrega à sociedade do bem que constitui a entrada do sócio[57].

Por outro lado, o artigo 28º CSC estabelece a obrigatoriedade de as entradas em espécie serem necessariamente avaliadas por um *expert* independente e sem interesses na sociedade, com o que se visa assegurar a exata formação do capital social, ou seja, assegurar que o valor atribuído aos bens é o seu valor real e de mercado, por forma a garantir que o valor atribuído à participação social se identifique (*rectius*, não seja superior) com o valor venal do bem que constitui a entrada do sócio.

Finalmente, caso se verifique ulteriormente a existência de erro naquela avaliação e, consequentemente, que o valor estimado do bem não corresponde ao seu valor real (e que, por isso, o valor da participação social é superior ao valor da entrada), sobre o sócio recai aquilo que se costuma designar por uma "responsabilidade pela diferença" (*Differenzhaftung*), nos termos do artigo 25º, nº 3 CSC: o sócio terá de pagar em dinheiro a diferença que porventura exista entre o valor real do bem e o valor nominal da sua quota.

Cabe aqui fazer, por último, referência a duas particulares entradas em espécie, que têm siso muito pouco usadas entre nós, mas que podem revestir interesse para as MPMEs. Referimo-nos às entradas com saber-fazer e às entradas com o mero gozo dos bens.

6.1. As entradas com saber-fazer

Como vimos, a entrada do sócio de uma sociedade por quotas não pode consistir em serviços. E, por isso, a tal cozinheira exímia não pode entrar com o seu trabalho de cozinheira e de confeção de alimentos... Trata-se de uma solução claramente criticável e que, à luz dos quadros jus-societários do século XXI, carece de fundamento plausível.

[57] Ou seja, no caso de a entrada de um sócio consistir na transmissão da propriedade de um determinado bem, esta transmissão do direito tem de se verificar até ao momento da constituição da sociedade, mas a entrega do bem que constitui o objeto da entrada pode ocorrer mais tarde.

Em todo o caso, se não é possível, no quadro normativo atual, que a entrada consista na prestação de serviços por parte do quotista, já será possível que ela consista na transmissão do seu saber-fazer, dos seus conhecimentos técnicos. Ou seja, o *know-how*, o saber-fazer pode e deve ser admitido como a entrada de um sócio, o qual consubstanciará inquestionavelmente uma entrada em espécie, uma vez que não é uma entrada em dinheiro e não há, como se disse, um *tertium genus*.

Com esta solução conseguir-se-á obter um resultado que permite, de algum modo, obviar a situações como a descrita, em que alguém, para ser sócio, tem de realizar uma entrada em dinheiro, quando verdadeiramente a entrada que se pretende que ele realize é de outro tipo.

Há, no entanto, a propósito deste tipo de entrada, alguns aspetos particulares de regime que merecem serem salientados.

Desde logo, importa ter presente que estamos aqui a cuidar da transferência de saber-fazer não patenteado[58]. Tratando-se de *know-how* que, por preencher os respetivos requisitos, foi objeto de uma patente, nenhumas dúvidas se colocam quanto à sua admissibilidade nas sociedades de capitais, enquanto entradas *in natura* e à plena aplicação do respetivo regime

O saber-fazer aqui em causa, que é merecedor de tutela jurídica e que poderá constituir a entrada de um sócio, não tem, pois, de estar patenteado e não precisa também de ser patenteável[59]. Terá apenas de se tratar de experiências ou conhecimentos técnicos, relativos a atividades económicas de natureza industrial ou comercial, com caráter substantivo, i. é, que não sejam banais, mas sejam úteis e importantes, implicando melhoramentos ou vantagens para os processos de produção ou distribuição.

Por outro lado, estes conhecimentos técnicos deverão revestir caráter secreto. No entanto, no caso do saber-fazer não patenteado, tal característica não deve ser considerada em termos absolutos – no sentido dessa

[58] Estamos a referir-nos aos segredos de cozinha/culinária da nossa cozinheira, que, obviamente, devem poder constituir a entrada do sócio. Não se deixe de dizer, aliás, que a solução aplicável a este pequeno segredo de cozinha (não patenteado), não pode deixar de valer igualmente para outros segredos industriais bem mais importantes e valiosos. E quem enjeitaria ter como entrada de um sócio para a sua sociedade o segredo da Coca-Cola ou o código fonte do Windows?

[59] I. é, podem ser conhecimentos técnicos que não revistam os requisitos (*v.g.*, da novidade e industrialidade) exigíveis para que uma invenção possa ser objeto de patente. Vide artigos 51º e 55º CPI, aprovado pelo DL 110/2018, de 10 de dezembro.

competência ser, de todo, desconhecida do setor de atividade em causa[60] –, devendo, antes, ser perspetivada em termos relativos e subjetivos; i. é, o know-how será considerado secreto, desde que se verifique uma situação de dificuldade ou onerosidade no acesso àquela informação por parte do potencial adquirente (sendo isso, de resto, o que justifica o caráter patrimonial e o valor económico de tal prestação).

Estes conhecimentos técnicos deverão ainda estar devidamente identificados e objetivados[61] num suporte que permita afirmar a sua autonomia, relativamente ao seu criador ou possuidor. Assim, desde logo, apenas deverá ser admissível a entrada com saber-fazer, quando os conhecimentos técnicos (*das Wissen*) se encontrem incorporados e materializados num qualquer suporte, permitindo, dessa forma, a sua autonomização do sócio que a realiza. Por outro lado, tratando-se de uma entrada em espécie, tem de se verificar a sua integral liberação, até ao momento da formalização do contrato de constituição da sociedade (cfr. artigo 26º CSC). Ora, isto supõe, *in casu*, que a sociedade – com a realização da entrada – fique em condições de utilizar com perfeita independência o *know-how*, o que pode implicar, não só a obrigação de transmissão dos conhecimentos técnicos, mas também todos os atos (nomeadamente de "show-how") necessários para a sua aplicação prática.

Finalmente, atenta a especificidade desta entrada com saber-fazer, impõem-se os maiores cuidados e cautelas na avaliação a efetuar pelo ROC, a qual deverá ser particularmente rigorosa e parcimoniosa, tendo em conta, por um lado, a dificuldade de avaliação do objeto da entrada e, por outro, a "rápida obsolescência técnica do know-how"[62].

6.2. As entradas com o mero gozo de bens

Com interesse para os sócios das MPMEs poderá ser também a realização da entrada com o mero gozo dos bens. Na verdade, embora não seja, entre

[60] Não se exige aqui, de facto, que o know-how esteja fora do estado da técnica, como se exige para invenções patenteáveis (cfr. artigo 54º CPI).

[61] Esta objetivação permite também, por outro lado, sindicar a existência, no caso concreto, dos requisitos e qualidades que devem caracterizar o saber-fazer para que possa constituir a entrada de um sócio.

[62] Em todo o caso, recorde-se que, se se vier a apurar que a entrada foi mal avaliada, haverá imperativamente uma responsabilidade do sócio pela diferença, nos termos do artigo 25º, nº 3 CSC.

nós, uma prática comum, as entradas em espécie não precisam, mesmo nas sociedades de capitais, de ser efetuadas com a transferência da propriedade dos bens, podendo igualmente ser realizadas com a simples atribuição do gozo (do *mero godimento*) dos bens à sociedade durante um determinado período que não precisa, de resto, de corresponder ao tempo de vida da sociedade (pode ser, p. ex., durante 5, 10 anos ou apenas um ano ou qualquer outro período que seja convencionado).

Há, porém, quanto a este tipo de entrada, duas fundamentais diferenças de regime, relativamente às entradas em propriedade, que importa assinalar e que respeitam ao risco empresarial e ao risco de perecimento do bem que constitui a entrada do sócio.

Relativamente ao risco empresarial a que se sujeita o sócio ele é, obviamente, menor quando o sócio entra apenas com o gozo de bem. Nesta hipótese, ele arrisca-se apenas a perder, no exercício da atividade societária, o gozo do bem durante um determinado período e não o próprio bem, que continua a ser propriedade sua. Mas, neste caso, o valor da sua participação social – e, consequentemente, o seu interesse na sociedade – será também menor, devendo corresponder ao valor locatício do bem pelo período em que o cede à sociedade[63].

Já quanto ao risco de perecimento da coisa, a posição do sócio é inquestionavelmente mais gravosa no caso em que entre apenas com o mero gozo de um bem.

De facto, se um sócio transferir a propriedade da coisa para a sociedade, o risco de perecimento corre por conta desta[64], pelo que, ainda que desapareça o bem que constituiu a entrada, ele manterá inalterada a sua posição jurídica de sócio[65]. Ou seja, ainda que o bem que constitui o objeto da entrada venha a desaparecer, este manterá intacto o seu *status socii*.

Se, pelo contrário, o sócio apenas facultar à sociedade o uso e fruição de uma coisa, o problema do risco de perecimento da coisa – por causa

[63] Se a entrada do sócio consiste na cedência do gozo de um armazém por 5 anos, a sua participação social há de corresponder ao valor da respetiva renda durante 5 anos.

[64] É o princípio afirmado já pelos romanos de *res perit domino*.

[65] É a solução que resulta, entre nós, do artigo 984º, al. a) CC, que estatui que, se "a entrada consistir na transferência ou constituição de um direito real", o risco da coisa é regulado pelas normas do contrato de compra e venda. Ora, o artigo 796º CC estabelece que "nos contratos que importem a transferência do domínio sobre certa coisa ou que constituam ou transfiram um direito real sobre ela, o perecimento ou deterioramento da coisa por causa não imputável ao alienante corre por conta do adquirente".

não imputável à sociedade – corre por conta do sócio[66]. Assim, se a coisa se perde, ainda que por causa que lhe não seja imputável, ele perderá (*rectius*, poderá perder) o direito a continuar na sociedade. É a solução que, entre nós, resulta para as sociedades de capitais[67], do disposto no artigo 25º, nº 4 CSC. Com efeito, se a prestação do sócio se tornar impossível (*e.g.*, a cedência do gozo do bem que constituiu o seu *apport*), a referida norma determina que ele deverá realizar a sua prestação em dinheiro, sob pena, caso não o faça, de poder ser excluído do grémio social[68].

[66] Aplicam-se aqui as regras do contrato de locação (cfr. artigo 984º, al. b) CC), sendo a solução referida em texto a que resulta do disposto no artigo 1044º CC, aplicável a este tipo de contrato.
[67] É essa também a solução que expressamente resulta dos artigos 1003º, al. d) e 1004º, al. b) CC, para as sociedades civis.
[68] É esta a sanção prevista para o incumprimento da obrigação de entrada – cfr., para as SQ, o artigo 204º CSC.

O vínculo laboral e a prestação de serviços à sociedade por gerentes e administradores[1]

Pedro Maia[2]

1. Introdução. Delimitação negativa

A matéria do *vínculo laboral* e o seu *cúmulo* com a qualidade de gerente ou administrador tem merecido muito atenção, sobretudo, da doutrina, mas também da jurisprudência portuguesas[3]. Em particular, a respeito do art.

[1] O presente estudo será publicado, com maior desenvolvimento, nos Estudos em Homenagem ao Prof. Doutor António Pinto Monteiro.

[2] ORCID: 0000-0001-6778-7766 Univ Coimbra, IJ, FDUC

[3] Sobre a matéria, *vide* Alexandre Soveral Martins, in *Código das Sociedades Comerciais em Comentário*, vol. VI (Artigos 373º a 480º), 2ª ed., Almedina, Coimbra, 2019, anot. art. 398º, António Menezes Cordeiro, *Da responsabilidade civil dos administradores das sociedades comerciais*, LEX, Lisboa, 1997, pp. 384ss., António Menezes Cordeiro/A. Barreto Menezes Cordeiro, in António Menezes Cordeiro, *Código das Sociedades Comerciais Anotado e Regime Jurídico dos Procedimentos Admnistrativios de Dissolução e de Liquidação de Entidades Comerciais (DLA)*, 3ª ed., Almedina, Coimbra, 2020, anot. ao art. 398º, António José Sarmento de Oliveira Oliveira, "O contrato de administração. Sua natureza e possibilidade de cumulação com um contrasto de trabalho", in *Revista de Ciências Empresariais e Jurídicas*, nº 3, 2005, pp. 183ss., Luís Brito Correia, *Os administradores de sociedades anónimas*, Almedina, Coimbra, 1993, pp. 575ss., Jorge Manuel Coutinho de Abreu, "Administradores e trabalhadores de sociedades (cúmulos e não)", in *Temas Societários*, nº 2, IDET – Instituto de Direito das Empresas e do Trabalho, Coimbra, 2006, pp. 9ss., Jorge Manuel Coutinho de Abreu, *Governação das sociedades comerciais*, 2ª ed., Almedina, Coimbra 2010, pp. 66ss., Ilídio Duarte Rodrigues, *A administração das sociedades por quotas e anónimas organização e estatuto dos administradores*, Livraria Petrony, Lisboa, 1990, pp. 306ss., José A. Engrácia Antunes,

398º do Código das Sociedades Comerciais (de ora em diante, abreviadamente, CSC), visto não existir norma equivalente para as sociedades por quotas. Quanto a estas, a análise tem-se centrado sobretudo na questão de saber se o regime – restritivo, como veremos – que o art. 398º CSC consagra para os administradores das sociedades anónimas se aplica igualmente aos gerentes das sociedades por quotas[4].

Bastante menor tem sido a atenção dispensada à "prestação de serviços" pelo gerente ou administrador, efetuada à margem da relação com a sociedade enquanto seu gerente ou administrador. A questão tem relevo, em particular, quando tal "prestação de serviços" seja *remunerada*, levando a que o gerente ou administrador receba uma *contrapartida* da sociedade a *acrescer* à remuneração do seu cargo social e independentemente desta.

Neste tema da (eventual) relação de *contrato de trabalho* ou de *prestação de serviço* do gerente/administrador com a sociedade conflui um con-

A proibição de cúmulo administrador/trabalhador, Almedina, Coimbra, 2018, JÚLIO GOMES, "Da validade do contrato de trabalho com uma sociedade de um grupo para o exercício de funções de administração social noutra sociedade do mesmo grupo", in *Estudos de direito do trabalho em homenagem ao Prof. Manuel Alonso Olea*, Almedina, pp. 433ss., JÚLIO MANUEL VIEIRA GOMES, *Direito do Trabalho – Relações Individuais de Trabalho*, vol. 1, Coimbra, 2007, pp. 161ss., MARIA DO ROSÁRIO PALMA RAMALHO, *Direito do Trabalho – Situações Laborais Individuais*, vol. II, 2ª ed., Almedina, Coimbra, 2009, pp. 69ss., LUIS MIGUEL MONTEIRO, "Algumas notas sobre o trabalhador dirigente", in *VIII Congresso Nacional de Direito do Trabalho*, Almedina, Coimbra, 2006, pp. 235ss., PAULO DE TARSO DOMINGUES, "Administradores trabalhadores – breves notas", in *Católica Law Review*, vol. 2, nº 2, 2018, pp. 11ss., PAULO OLAVO CUNHA, *Direito das Sociedades Comerciais*, 7ª ed., Almedina, Coimbra, 2019, pp. 829ss., RAFAEL TEIXEIRA RAMOS, "A relação de administrador com o trabalho subordinado nas sociedades anônimas e por quotas", in *Direito das Sociedades em Revista*, Ano 12, vol. 24, Almedina, Coimbra, 2020, RAÚL VENTURA, *Novos estudos sobre sociedades anónimas e sociedades em nome colectivo*, Almedina, Coimbra, 1994, pp. 187ss., RICARDO ALBERTO SANTOS COSTA, *Os Administradores de Facto das Sociedades Comerciais*, Coimbra, 2014, pp. 805ss., nota 1764.

[4] Uma matéria de grande controvérsia, mas estranha ao objeto da nossa análise, era a da constitucionalidade do art. 398º, nº 2, na parte em que determinava a extinção do contrato de trabalho que durasse há menos de um ano no momento da designação do trabalhador. A controvérsia encontra-se em definitivo ultrapassada com o Acórdão nº 774/2019, do Tribunal Constitucional, que julgou "Declarar a inconstitucionalidade, com força obrigatória geral, da norma constante do nº 2 do artigo 398º do Código das Sociedades Comerciais, aprovado pelo Decreto-Lei nº 262/86, de 2 de setembro, na parte em que determina a extinção do contrato de trabalho, celebrado há menos de um ano, de titular que seja designado administrador da sociedade empregadora, por violação do disposto na alínea *d)* do artigo 55º e na alínea *a)* do nº 2 do artigo 57º da Constituição, na redação vigente à data em que a norma foi editada (Lei Constitucional nº 1/82, de 30 de setembro)".

junto vasto de questões, que não iremos apreciar: a natureza da relação que intercede entre o gerente/administrador e a sociedade, o regime a que se sujeita tal relação, em particular em que medida se aplica ou pode aplicar o regime laboral, a relação com terceiras entidades que prestem serviços associadas à gestão.

Independentemente da posição que se tome acerca de tais matérias, a questão que pretendemos analisar é sempre *distinta*: qualquer que seja a *natureza da relação* que intercede entre o gerente/administrador, enquanto tal, e a sociedade, bem como o *regime legal* que lhe deva ser aplicado, trata-se de saber se pode – e, se sim, sujeito a que regime e limites – o gerente/administrador ser parte num *outro* contrato com a sociedade, pelo qual fique vinculado a prestar à sociedade um "serviço" ou "trabalho"[5]. O problema que pretendemos analisar reside, portanto, sempre *noutra relação* que não a que decorre da qualidade de gerente/administrador – e independentemente da qualificação jurídica que esta mereça – e reporta-se ao designado *cúmulo* de uma *relação laboral* ou de uma *relação de prestação de serviço* com a relação *de gerente ou administrador*, qualquer que seja a qualificação jurídica desta. Não se inscreve, todavia, neste universo problemático a situação de "contratos paralelos" com o gerente/administrador, isto é, uma *repartição* por vários contratos da própria "relação de administração" da sociedade com o gerente/administrador, utilizada em grupos de sociedades[6].

Caso se admita que o gerente/administrador seja parte num *contrato de trabalho* (ou num *contrato de prestação de serviço*) com a sociedade, então colocam-se múltiplas questões, relativas ao (i) *âmbito do contrato* – quais

[5] Apesar de a letra da lei excluir, aparentemente, a celebração de qualquer contrato de prestação de serviço com os administradores da sociedade anónima, iremos referir tanto estes quanto os gerentes, tendo em conta que alguns autores sustentam uma *interpretação restritiva* da norma, abrindo a possibilidade de os administradores das sociedades anónimas celebrarem alguns negócios de trabalho, "subordinado ou autónomo", com a sociedade. É a posição de Ricardo Alberto Santos Costa, *Os Administradores...* cit., p. 808, nota 1764 ("parece mais razoável, no plano dos interesses a tutelar, deixar de lado uma aplicação rígida dessa norma, (imperativa ainda para mais) e *retirar do âmbito de aplicação do art. 398º as situações não fraudulentas em que, concretamente, os poderes típicos de comando, fiscalização e disciplinares subsistam – ou possam subsistir – em conjunto com a subordinação do contrato de trabalho ou a orientação sobre o conteúdo dos serviços atribuídos contratualmente.*" (itálicos no original)).

[6] A situação está identificada por C. Arnold, in *Goette/Arnold Handbuch Aufsichtsrat*, 1. Auflage, C. H. Beck (Beck-online), München, 2021, § 4, anots. 1258.

as matérias que podem ser objeto da prestação laboral ou de serviço pelo gerente/administrador –, (ii) ao regime a que se sujeita a *decisão* de celebrar o contrato e a *fixação* dos seus termos – quem tem competência para decidir (os sócios, o órgão de administração, o órgão de fiscalização?) –, (iii) à *conclusão do contrato* – quem pode intervir na celebração do contrato em representação da sociedade – e (iv) à articulação com determinados aspetos do regime legal dos gerentes/administradores, em particular com a sua remuneração e cessação.

Importa notar que a análise tem-se centrado em especial no *vínculo laboral cumulativo* com a relação de gerente/administrador, sendo dedicada bastante menos atenção ao cúmulo com um *contrato de prestação de serviço.* E, mesmo nos casos em que este também é apreciado, por regra a sua análise segue-se à do contrato de trabalho, quase acessoriamente.

O ponto de partida do estudo desta matéria deve assentar no reconhecimento de que a ordem jurídica portuguesa apresenta, *para as sociedades anónimas*, um regime que se distancia da generalidade das outras legislações, porque não só *proíbe, expressamente e sem excepções, que o administrador mantenha uma relação laboral ativa durante o exercício das suas funções*, como submete *ao mesmo regime de proibição, também de modo expresso, o contrato de "trabalho autónomo" (sem subordinação jurídica).*

Na *letra da lei* – sem prejuízo de interpretações *restritivas* ou mesmo *abrogatórias* que possam ser defendidas a este propósito[7] –, os administradores, "durante o período para o qual foram designados, (...) não podem exercer, na sociedade ou em sociedades que com esta estejam em relação de domínio ou de grupo, quaisquer funções temporárias ou permanentes ao abrigo de contrato de trabalho, *subordinado* ou *autónomo*" (art. 398º, nº 1, CSC). E, conforme se vem defendendo, o "trabalho autónomo" corresponde à *prestação de serviço sem subordinação jurídica*[8], pelo que a norma abrange quer

[7] Defendendo, a diferentes propósitos, alguma restrição ao âmbito literal do preceito, vide, JORGE MANUEL COUTINHO DE ABREU, *Governação...* cit., pp. 68 e 71, e RICARDO ALBERTO SANTOS COSTA, *Os Administradores...* cit., pp. 808s., nota 1764.

[8] Cfr. ALEXANDRE SOVERAL MARTINS, in *Código...* cit., anot. art. 398º, ANTÓNIO MENEZES CORDEIRO/A. BARRETO MENEZES CORDEIRO, in ANTÓNIO MENEZES CORDEIRO, *Código...* cit., anot. ao art. 398º, JORGE MANUEL COUTINHO DE ABREU, *Governação...* cit., p. 66, nota 155, JOSÉ A. ENGRÁCIA ANTUNES, *A proibição de cúmulo..* cit., p. 23, PAULO DE TARSO DOMINGUES, "Administradores...", *cit.*, p. 17, nota 23, RICARDO ALBERTO SANTOS COSTA, *Os Administradores...* cit., pp. 807, nota 1764.

o *contrato de trabalho* quer o *contrato de prestação de serviço*[9]. Este regime, tanto quanto é do nosso conhecimento, *não encontra paralelo no direito comparado.*

Os ângulos de análise por que a doutrina e a jurisprudência nacionais têm apreciado a matéria, em particular a hipótese de o gerente ou administrador ter (ou manter) um vínculo laboral com a sociedade, podem ser enquadrados em uma de quatro *perspectivas* ou *ângulos de apreciação*:

(i) A perspetiva que podemos apelidar de *juslaboral*, que parte da questão de saber se é admissível que um membro do órgão de administração da entidade *empregadora* (a sociedade) ocupe, no mesmo contrato e simultaneamente, a posição de *trabalhador*;

(ii) A perspetiva que podemos designar de *juscivilista*, inquirindo se a situação deve ser qualificada como *negócio consigo mesmo* e, se sim, a que regime se sujeita;

(iii) A perspetiva de feição *societária-organizatória*, que atribui relevo à questão de saber se a subordinação jurídica da pessoa gerente ou administrador é compatível com a estrutura organizatória determinada imperativamente por lei para as sociedades comerciais – como expressão do *princípio da tipicidade* consagrado no art. 1º do CSC[10] –, ao colocar no órgão de administração quem se encontre juridicamente subordinado (enquanto trabalhador) à sociedade e, portanto, ao poder do órgão de administração;

(iv) A perspetiva que identificamos como de *tutela de terceiros (sócios ou credores)*, talvez aquela que menos atenção tem concitado. Nesta, trata-se de averiguar se a possibilidade de o gerente ou administrador ser trabalhador contende com determinados aspetos, até legais, de tutela de sujeitos estranhos a relação contratual (entre o gerente/administrador e a sociedade), sejam sócios ou credores.

2. A prestação do gerente/administrador enquanto "prestação de serviço" em sentido amplo: "contrato de trabalho" e "contrato de prestação de serviços"

No Código Civil, o contrato de trabalho não se inclui no conceito de "prestação de serviço", não se configurando como uma *espécie* deste: ao invés

[9] Veremos, adiante, se abrange todos os contratos de serviço ou somente os onerosos.

[10] Cfr. Pedro Maia, "Tipos de sociedades comerciais", in *Estudos de Direito das Sociedades*, 12ª ed., Almedina, Coimbra, 2015, pp. 16s.

de outros ordenamentos jurídicos[11], a lei portuguesa não consagrou, ao menos expressamente, o contrato de trabalho como uma *espécie* do contrato de prestação de serviço[12]. Independentemente da posição que sobre essa matéria possa assumir-se, afigura-se consensual que estes dois tipos contratuais – a *prestação de serviço* e o *contrato de trabalho* – se distinguem pela *subordinação jurídica*, mas não pela *atividade* em si mesma. A actividade do trabalhador consiste em "prestar um serviço", no sentido em que o seu objeto reside na "prestação de uma atividade" (art. 1152º. CCiv); por sua vez, "o contrato de prestação de serviços" (art. 1154º CCiv) é aquele em que uma parte se obriga a proporcionar a outra certo "resultado do seu *trabalho* intelectual ou moral" (itálico nosso). Embora o objeto do contrato de prestação de serviço resida no *resultado* do "trabalho" e não no "trabalho" em si, a verdade é que ambos os contratos *assentam na atividade* (no "trabalho"): para o contrato de trabalho, essa atividade é o objecto do contrato; para o contrato de prestação de serviço, essa actividade é o meio para atingir o resultado contratado.

Portanto, o contrato de trabalho distingue-se da prestação de serviço por vários aspetos, mas não nestes: tanto num como no outro está em causa uma "atividade humana", uma "actividade laboral"[13] (um *trabalho*, na terminologia do legislador, usada tanto no art. 1152º, como no art. 1154º CCiv)[14] e o cumprimento do contrato assenta na realização de uma *actividade humana*.

[11] Cfr. Pedro Romano Martinez, *Direito do Trabalho*, vol. I, 5ª ed., Almedina, Coimbra, 2010, pp. 320s.

[12] O que não impede alguns autores de sustentarem, ao menos num plano dogmático, que o contrato de trabalho deva ser classificado como uma *espécie* do género prestação de serviço. Mas sustentando, não só de *iure condito*, mas também de *iure condendo*, a não inclusão do contrato de trabalho num conceito amplo de prestação de serviço, cfr. Maria do Rosário Palma Ramalho, *Direito do Trabalho – Situações Laborais Individuais*, cit., pp. 59s.

[13] Na expressão de Maria do Rosário Palma Ramalho, *Direito do Trabalho – Situações Laborais Individuais*, cit., p. 59.

[14] Para a distinção dos dois contratos, embora com diferenças na arrumação dogmática das figuras, cfr. Pires de Lima and Antunes Varela, *Código Civil Anotado*, vol. II, 4ª ed., Coimbra Editora, Coimbra, 1997, pp. 782s., Pedro Romano Martinez, *Direito do Trabalho*, cit., pp. 320ss. (admitindo que o contrato de trabalho "pudesse ter sido qualificado como um subtipo do contrato de prestação de serviço" – "em sentido amplo, a prestação de serviços abrange o próprio contrato de trabalho" – e usando o conceito de "trabalho autónomo" para se referir à prestação de serviço e o de "trabalho subordinado" para designar o contrato de trabalho), António Monteiro Fernandes, *Direito do Trabalho*, 15ª ed., Almedina, Coimbra, 2010, pp. 148ss. (usando as expressões "trabalho autónomo" e "trabalho

Embora não seja uso entrar-se nessa qualificação a respeito da actividade do gerente e do administrador, parece claro que, independentemente da natureza jurídica da relação que o liga à sociedade (desde logo, saber se é contratual ou não), o objeto é também a *prestação de uma atividade humana*: o gerente/administrador tem o dever de prestar um *serviço*[15], no sentido em que a prestação a que está adstrito consiste numa *atividade* sua e, portanto, *humana*.

Uma vez que tanto o contrato de trabalho, como o contrato de prestação de serviço, como, ainda, a função de gerente/administrador consistem numa *prestação de atividade humana*, importa perguntar *se* e *como* se distingue, no plano da prestação, a função de gerente/administrador com a de cada um daqueles contratos.

A questão afigura-se muito relevante, porque da resposta que lhe venha a ser dada podem surgir um enquadramento e algumas orientações relevantes para a análise do problema colocado pelo *cúmulo de funções orgânicas* (de gerente ou administrador) seja com um *contrato de natureza laboral*, seja com um *contrato de prestação de serviços* celebrado entre a sociedade e o seu gerente/administrador.

Figuremos, a título de ilustração, um exemplo.

A é gerente de uma sociedade que explora um pequeno supermercado; e todos os dias descarrega as encomendas, lava o chão, atende o telefone e desempenha um conjunto de outras tarefas similares. Esta atividade é própria de um *gerente*?

subordinado"), Bernardo Da Gama Lobo Xavier, *Manual de Direito do Trabalho*, Verbo, Lisboa, 2011, pp. 316ss. (usando também as expressões "trabalho autónomo" e "trabalho subordinado"), Júlio Manuel Vieira Gomes, *Direito do...* cit., pp. 101ss. (referindo que a qualificação como trabalho autónomo ou subordinado é "dramática", atenta a magnitude da diferença de regime), Maria do Rosário Palma Ramalho, *Direito do Trabalho – Situações Laborais Individuais*, cit., pp. 59ss., João Leal Amado, *Contrato de Trabalho* 4ª ed., Coimbra Editora, Coimbra, 2014, pp. 77ss., Luís Manuel Teles de Menezes Leitão, *Direito do Trabalho*, vol. I, 2ª ed., Almedina, Coimbra, 2010, pp. 127ss.

[15] Cfr. Spindler, in *Münchener Kommentar zum Aktiengesetz*, 5. Auflage, C. H. Beck (Beck-online), München, 2019, § 84, anot. 60, Spinner, in *Münchener Kommentar zum BGB*, 9. Auflage, C. H. Beck (Beck-online), München, 2023, § 611, anot. 40, Weber, in *Hölters/Weber Aktiengesetz*, 4. Auflage, C. H. Beck (Beck-online), München, 2022, § 84, anot. 34, Wentrup, in *Münchener Handbuch des Gesellschaftsrechts*, Band 4, 5. Auflage, C. H. Beck (Beck-online), München, 2020, § 21, anot. 1, e Zöllner/Noack, in *Baumbach/Hueck GmbH-Gesetz*, 21. Auflage, C. H. Beck (Beck-online), München, 2017, § 35, anots. 172.

Pode responder-se negativamente a esta pergunta, ao menos de forma implícita, se se admitir que a atividade do gerente consiste em *gerir* a empresa (arts. 64º e 259º CSC), e não em praticar atos que, embora necessários à exploração da empresa, não são de *gestão*.

Para quem entenda assim, um conjunto muito vasto de atos praticados, correntemente, por gerentes e administradores ao menos de pequenas sociedades, não se insere no âmbito próprio das suas funções, devendo concluir-se, então, que, não correspondendo tais actos ao âmbito das funções próprias de gerente/administrador, terá de ser ao abrigo de uma *outra relação* que tais actos se praticam – mesmo que tal relação, sublinhe-se, não seja especificamente remunerada, o que constitui um problema distinto.

Essa outra relação, *caso não seja remunerada*, há-de constituir uma "prestação de serviço" e não um contrato de trabalho, posto o contrato de trabalho implicar, por definição típica legal, remuneração: portanto, se não existir remuneração, não haverá contrato de trabalho.

Por conseguinte, e servindo-nos de um outro exemplo, e ainda seguindo o mesmo entendimento em apreço, se o gerente é também jurista e analisa juridicamente relações da sociedade com terceiros, estará a "prestar um serviço" *que não se inclui no quadro das suas funções de gerente da sociedade*, porque tal serviço não constitui "gestão" da empresa.

Em suma: para esta posição, o gerente ou administrador, quando pratica tais atos, age necessariamente ao *abrigo de outra relação jurídica* que não aquela que suporta a sua qualidade de gerente ou administrador – embora tal relação possa não ser expressa, nem remunerada.

Mas importa retomar a questão de base: essas tarefas, que não correspondam a "gestão" da empresa, e de que aqui apresentamos alguns meros exemplos, encontram-se ou não abrangidas nas funções de gerente?

Esta questão tem de ser colocada sempre em primeiro lugar, posto que não é seguramente o mesmo o gerente/administrador celebrar um contrato com a sociedade, a par da sua relação de gerente/administrador, mas cujo objecto *coincide* (ao menos em parte) com o âmbito daquela, ou o gerente/administrador contratar com a sociedade um serviço (a título "subordinado" ou "autónomo") cujo objeto exorbita do âmbito da relação de gerência/administração, sendo, portanto, *estranho* a esta.

Neste segundo caso, estamos presentes a uma verdadeira situação de *cúmulo*, em que o gerente/administrador, ao abrigo de *outro contrato*, presta à sociedade serviços *não compreendidos na relação de gerência/administrador.*

Trata-se, dir-se-á, de um cúmulo *puro*, porque o objeto do contrato de prestação de serviço (ou de trabalho) versa sobre actividades *que não se incluíam na relação de gerência/administração.*

Já no primeiro caso, existindo uma *coincidência de objeto*, o gerente/administrador apenas estará a *cindir* a sua relação de gerência/administração, remetendo para um contrato "satélite" obrigações que, não fosse a celebração de tal contrato, *lhe competiria igualmente desempenhar mas enquanto gerente/administrador.*

Este segundo caso, independentemente de regime legal ou de norma expressa sobre a matéria, sempre teria de ser recusado, caso opere um *esvaziamento da função de gerente/administrador, recobrindo inteiramente o seu objecto*: o regime da relação de gerência/administração não pode ser contornado mediante a celebração de um contrato entre a sociedade e o gerente/administrador que, sob a designação de "prestação de serviço" ou "trabalho", coincida com o objeto da prestação a que o gerente/administrador legalmente se encontra obrigado. Quando muito, para quem entenda ser admissível, no nosso direito, a celebração entre a sociedade e o gerente/administrador de um contrato de gerência/administração, ter-se-ia de reconduzir aquele contrato de "prestação de serviço" ou "de trabalho" – independentemente da designação que as partes lhe tiverem dado – ao próprio "contrato de gerência/administração" e não a um *outro contrato* que se *cumulasse* com a relação de gerência/administração.

Ora, para se submeter a esta primeira verificação o contrato entre o gerente/administrador e a sociedade, é necessário delimitar previamente o âmbito da prestação que, por determinação da lei, se inscreve na relação de gerência/administração.

Sob a epígrafe "Deveres fundamentais", o art. 64º CSC dispõe que "os gerentes ou administradores da sociedade devem observar "deveres de cuidado, revelando a disponibilidade, a competência técnica e o conhecimento da actividade da sociedade, empregando nesse âmbito a diligência de um gestor criterioso e ordenado" (al. *b*)). Desta norma, partindo embora de construções e interpretações diferentes, a generalidade dos autores retira que os gerentes/administradores têm o *dever de gerir/administrar a sociedade*[16].

[16] Discute-se se existe um *dever central*, identificado, consoante o autor, como "dever típico e principal" (Ricardo Costa/Gabriela Figueiredo Dias, "Deveres fundamentais – art. 64º", in *Código das Sociedades Comerciais em Comentário*, vol. I (Artigos 1º a 84º), 2ª ed.,

Para os administradores das sociedades anónimas, o art. 405º, nº 1, prescreve, em linha com o art. 64º, que ao conselho de administração (portanto, aos administradores) compete "*gerir* as actividades da sociedade". Daqui decorre que o objeto da prestação dos administradores consiste na *gestão* (ou *administração*) da sociedade.

Ao menos na *letra da lei*, apresenta-se diferentemente a situação dos gerentes das sociedades por quotas: o art. 259º dispõe que os "gerentes devem praticar os actos que forem necessários ou convenientes para a *realização do objecto social* (...)". Ao invés do que se verifica a respeito dos administradores das sociedades anónimas, a lei não delimita a competência com base na *gestão da sociedade*, mas sim a partir do dever de praticar os *actos necessários ou convenientes à realização do objecto social*. A diferença tem significado: muitos dos actos que um gerente (sobretudo de pequenas ou médias sociedades) pratica são inegavelmente actos de carácter *operacional* – como os dos exemplos que figurámos acima, de atender o telefone, fazer entregas, etc. –, não correspondendo ao que possa considerar-se um *acto de gestão* da sociedade. Mas são, isso sim, *actos necessários ou convenientes para a prossecução do objecto social*: o gerente da sociedade que explora o pequeno supermercado não pode deixar de atender o telefone, fazer entregas, etc., porque, desde logo, a *dimensão da empresa* societária não suportaria a contratação de terceiros para a realização de tais tarefas e, sem a realização destas, seria inviável a realização do objeto social.

É certo que ao gerente/administrador incumbe o que pode designar-se de um *âmbito material mínimo* de atividade que consiste na *gestão* da sociedade – que, aliás, tendo em conta a dimensão, a complexidade e a organização livremente adoptada para a empresa, pode ser *fracionada*, isto é, pode não abarcar *toda a gestão da empresa* –, mas já não está limitado por

Almedina, Coimbra, 2017, p. 766), "dever geral" (Bruno Ferreira, "Os deveres de cuidado dos administradores e gerentes (análise dos deveres de cuidado em Portugal e nos Estados Unidos da América fora das situações de disputa sobre o controlo societário)", in *RDS*, ano I, nº 3, 2009, p. 707), "dever fundamental" (Ana Perestrelo de Oliveira, *Manual de Governo das Sociedades*, Almedina, Coimbra, 2017, pp. 226ss.), "obrigação típica do administrador"(Manuel A. Carneiro da Frada, "A *Business Judgment rule* no quadro dos deveres gerais dos administradores", in *ROA*, ano 67, I, 2007, p. 164), ou se, diferentemente, o dever de administrador se inclui no dever de diligência, previsto na al. a) do art. 64º, nº 1. Trata-se, contudo, de uma questão que não releva para o nosso estudo, visto ser inquestionável a existência do dever de administrar (autonomizado como dever principal ou incluído no dever de diligência).

um *âmbito máximo.* O gerente/administrador que pratica um qualquer ato *(interno) de natureza operacional* não está a exorbitar das suas competências ou da esfera dos seus poderes: se atende o telefone, se realiza uma entrega, etc., a atuação inscreve-se na *prossecução do objecto social* e, portanto, encontra-se *abrangida nesse âmbito mais amplo da sua esfera de poderes.*

E, consoante as circunstâncias pontuais, a dimensão da empresa e a sua organização, pode mesmo corresponder a um *dever* do gerente/administrador: o gerente do pequeno supermercado que se recusasse a atender o telefone, ou a fazer entregas, etc., invocando que ele, enquanto gerente, apenas tem o dever de *gerir* a empresa, estaria certamente a violar os seus deveres se, desse modo, *inviabilizasse a realização do objecto social.* E seria até contrário a uma gestão criteriosa e ordenada (art. 64º) impor à empresa societária de muito pequena dimensão uma multiplicidade de custos relativos ao desempenho de tarefas auxiliares da atividade empresarial que a tornasse *economicamente inviável.*

O gerente tem, por isso, no cumprimento dos seus deveres, de assegurar um *âmbito mais ou menos alargado de tarefas* que não são qualificáveis, enquanto tais, como *gestão da empresa* (em sentido amplo). A pequena dimensão da empresa dita o alargamento da atividade do gerente, que não é, em tal caso, um *puro gestor,* mas também um "empresário", no sentido de quem explora e exerce uma empresa.

Partindo deste entendimento, as "prestações de serviço" à sociedade pelo gerente/administrador podem ser inscritas numa das seguintes três situações que importa diferenciar e analisar distintamente:

(i) *Necessária,* no plano jurídico, se se tratar de *gestão* em sentido estrito;
(ii) *Necessária,* no plano económico ou empresarial, se, *não se tratando de gestão em sentido estrito,* a empresa societária não tiver estruturalmente condições para suportar o custo relativo à contratação de pessoas ou serviços externos para a sua execução, não sendo por isso economicamente viável a empresa assumir tais custos;
(iii) *Facultativa,* no plano económico e jurídico, se, *não se tratando de gestão em sentido estrito,* a sociedade tiver condições para contratar tais serviços *e* não se esvaziar a função de gerente/administrador do núcleo *mínimo* de competências de gestão.

2.1. "Prestação de serviço" juridicamente necessária no quadro da relação de gerência/administrador, por se tratar de gestão em sentido estrito

Na primeira situação que identificámos, em que a *prestação de serviço corresponde a um ato de gestão em sentido estrito*, não pode aceitar-se que o gerente/administrador execute as tarefas que *direta e necessariamente se inscrevem no exercício das suas funções*, celebrando para o efeito, por si ou por interposta pessoa, um contrato "paralelo" de prestação de serviço com a sociedade. Um tal contrato conduziria a que o gerente ou administrador passasse a exercer as funções que a *lei lhe comete não nessa sua qualidade de titular de um órgão da sociedade*, mas na qualidade de *terceiro prestador de serviços* à sociedade. Daqui não resulta, sublinhe-se, que a sociedade não possa contratar a prestação de serviços de *terceiros* que *auxiliem* o órgão de administração no exercício das suas funções, como amiúde sucede com consultores, empresas especializadas em projetos de transformação da gestão, reestruturações empresariais, etc.[17] Porém, tais contratos, a existirem, só podem justificar-se pela incapacidade ou impossibilidade subjetiva do gerente ou administrador em preencher determinados requisitos, ou, quando menos, pela dificuldade de o gerente/administrador, por limitações de tempo ou até de risco, assegurar satisfatoriamente essas funções.

A contratação de terceiros que auxiliem o órgão de administração da sociedade no desempenho da sua função, com vista a reforçarem as suas competências e capacidades ou mesmo para libertar os gerentes/administradores para outras tarefas no âmbito das suas funções de gestão, constitui, ela própria, uma decisão de *gestão*, que se inclui na esfera de competências dos gerentes/administradores. Por exemplo, se o gerente não tem conhecimentos técnicos em matérias financeiras, ou se, apesar de ter, entende ser mais seguro, pela complexidade e risco inerentes, contratar terceiros

[17] Bastante mais complexa é a questão de saber se a sociedade pode *externalizar* a gestão da empresa, confiando a um terceiro, através de um "contrato de gestão de empresa", a função. Note-se, porém, que esse problema, a suscitar respostas variadas da doutrina, não se confunde com aquele sobre que versamos: o que avaliamos é a prestação do serviço de administração por quem integra o órgão, mas ao abrigo de um contrato "paralelo"; diferentemente, a questão colocada pelo "contrato de gestão de empresa" é a de um *terceiro, que não assume funções no órgão de administração*, assegurar a gestão da empresa social, em vez dos membros do órgão de administração. Sobre este tema, entre nós, *vide* a resenha de Alexandre de Soveral Martins, *Administração de Sociedades Anónimas e Responsabilidade dos Administradores*, Almedina, Coimbra, 2020, pp. 91ss.

que o auxiliem nas suas decisões nessa matéria (elaborando estudos, analisando dados, propondo decisões), ou se, muito simplesmente, entende ser mais necessário e adequado dedicar o seu tempo a *outras tarefas da gestão*, em nenhum destes casos a *contratação de terceiros colide com os deveres legais dos gerentes/administradores*. Quando muito, se o gerente ou administrador estava dotado de tais competências e dispunha de tempo para as assegurar, não se mostrando, por isso, necessário onerar a sociedade com a contratação do terceiro, o problema colocar-se-á (mas, apenas) no plano da *boa gestão*: o gerente ou administrador poderá ter contratado serviços de que a sociedade não carecia e, desse modo, eventualmente violado o seu *dever de gestão criteriosa e ordenada* (art. 64º, nº 1, al. *a*)). Uma situação idêntica àquela de, também por exemplo, a sociedade contratar serviços de segurança muito para lá do que seria razoável ou necessário, ou contratar serviços de, também por exemplo, comunicação e imagem que não se justifiquem tendo em conta a situação e as características da empresa.

Portanto, pode figurar-se uma de duas hipóteses: ou o gerente/administrador reúne todas as competências e conhecimentos técnicos, bem como disponibilidade para o desempenho de determinadas matérias específicas (e, nesse caso, nem se justificará a contratação de serviços); ou o gerente/administrador não goza de tais competências ou entende ser avisado reforçar a gestão em determinados aspetos – ou não tem disponibilidade, pela necessidade de dedicar o seu tempo a outras tarefas – e, em tal caso, justamente porque a razão da contratação de serviço reside nas lacunas de conhecimentos do gerente/administrador ou na sua falta de disponibilidade, não faz sentido admitir a sua própria contratação. Dito de outro modo, o gerente ou administrador não pode ser contratado como *prestador de serviço* para cumprir as funções que se inscrevam no cumprimento do seu dever de gestão *em sentido estrito*, o que não prejudica a possibilidade de a sociedade celebrar com *terceiros* contratos com esse mesmo objecto.

Esta conclusão permite responder a uma questão, muito discutido na doutrina alemã, de saber se a sociedade pode contratar uma terceira entidade (muito frequentemente, uma consultora ou uma especialista em reestruturações empresariais) de que o administrador seja um quadro. Pensamos que, à luz do direito português, importa distinguir. Se a contratação dessa terceira entidade envolve a prestação de serviço (significativo) por *outras pessoas que não o próprio gerente/administrador*, a questão inscreve-se no quadro que definimos acima: o órgão de administração não dispõe de conhecimentos ou disponibilidade para o desempenho (integral) da tarefa em determinados aspetos e a contratação de terceiros é admitida. Neste caso, a questão que resta é a do quadro remuneratório do administrador, *na medida em que este venha a colher um benefício económico pela prestação de serviço pela entidade terceira* (se ele for sócio ou, de algum modo, obtiver um ganho com o contrato), bem como do *iter* a observar na sua contratação. Esta é, contudo, uma questão distinta, respeitante já ao *regime da prestação de serviço*, que apreciaremos adiante (vide *infra* 2.).

Situação diferente desta é a de a terceira entidade se resumir ao *próprio gerente/administrador* – ser, por exemplo, uma sociedade cuja única (ou quase única) capacidade subjacente à prestação de serviço contratada é a do próprio gerente/administrador –, caso em que a contratação da entidade não acrescenta nada à prestação do gerente/administrador (e à sua capacidade técnica ou disponibilidade de tempo). Neste caso, um tal contrato consubstancia uma mera *cisão da atividade* do gerente/administrador – que passará a prestar um serviço *inerente às funções próprias de gerente/administrador, em parte* como gerente/administrador e *em parte* como entidade externa – e deve considerar-se *proibido*.

Note-se que o problema não se ultrapassa com a mera intervenção dos sócios a autorizarem o contrato: não se encontra na disponibilidade dos sócios reconfigurarem o quadro de deveres inerentes à qualidade de gerente/administrador, no que toca ao seu *núcleo essencial*.

2.2. "Prestação de serviço" necessária no quadro da relação de gerência/administração, por motivos económicos ou empresariais

No segundo universo de casos que referimos acima – em que já não estão em causa *atos de gestão em sentido estrito*, mas ainda assim se mostra *necessária* a sua prática pelo próprio gerente/administrador, visto a sociedade não ter, pela sua *dimensão* e *organização*, condições para suportar economicamente a contratação de um terceiro para o exercício dessas funções –, o gerente não tem a liberdade de celebrar com a sociedade um contrato como, por exemplo, responsável de compras, ou responsável comercial, etc., *se a sociedade não tiver dimensão para suportar essa segregação de tarefas*. Muito simplesmente, se a empresa societária não tem condições económicas, nem dimensão que justifique o destaque de tais funções, então, assim como não deverá ser contratado um terceiro, tão-pouco poderá ser contratado e remunerado separadamente o gerente. A matéria já não releva da própria definição e âmbito da atividade de gerente, mas sim dos deveres de gestão criteriosa e ordenada, que a lei impõe (art. 64º, nº 1).

2.3. Prestação de serviço "facultativa"

Resta o caso em que, na divisão que apresentámos acima, a contratação dos serviços (em sentido amplo) se mostre *facultativa*.

Ao invés das situações anteriores, não se identifica aqui um obstáculo, digamos, *essencial* ou *material* – um obstáculo que se impusesse ao legislador – a que o gerente/administrador possa celebrar um tal contrato. Porém, como existe lei expressa relativa aos *administradores das sociedades anónimas* – que, na sua *letra*, proíbe a celebração de "contrato de trabalho, subordinado ou autónomo", com a sociedade (art. 398º) –, é necessário apreciar duas *questões prévias*:

(i) A respeito dos *administradores das sociedades anónimas*, saber se a norma deve ser interpretada no sentido de permitir (algumas) *prestações de serviço* (ou de trabalho): apenas perante uma resposta afirmativa a esta questão se deverá prosseguir para a análise do regime de tais contratos, que, de outro modo, serão sempre, todos, *proibidos* e, por conseguinte, *nulos*;

(ii) A respeito dos *gerentes das sociedades por quotas*, a quem a lei não dedica nenhuma norma expressa, saber se o regime do art. 398º CSC lhes é também aplicável: caso a resposta não seja afirmativa, importará, então, apreciar o problema da celebração de contrato de trabalho/prestação de serviço entre o gerente e a sociedade num quadro de ausência de proibição legal sobre a matéria.

A identificação da *ratio* do art. 398º, tendo em conta a solução *extrema* que a sua letra apresenta – proibindo, sem acolher qualquer excepção, a celebração de "contrato de trabalho, subordinado ou autónomo" –, não se afigura evidente, nem sequer fácil de identificar. De acordo com a explicação apresentada por Raúl Ventura[18], autor do anteprojecto de Código

[18] Cfr. Raúl Ventura, *Novos estudos...* cit., p. 192.
Assumindo também estes fundamentos como *ratio* do regime – que visaria impedir que os administradores aproveitassem o cargo para obter vantagens *indevidas*, até mediante vínculos *fictícios*, prevenindo *abusos* na conduta dos administradores –, cfr. Ilídio Duarte

das Sociedades, teria "começado, pelo menos na década de 80, em algumas sociedades, a nomeação de administradores, durante o exercício deste cargo, para funções (...) na mesma sociedade ou em sociedades daquela dependente. A fim de evitar possíveis dificuldades jurídicas, esses contratos de trabalho previam que o seu início coincidiria com o termo das funções de administrador, por qualquer motivo. A intenção dessa prática era tão óbvia, que desnecessita explicações, mas era uma prática repugnante, pois implicava o aproveitamento do cargo de administrador para garantir o seu futuro, à custa da sociedade administrada. Justifica-se, portanto, a norma imperativa da parte final do art. 398º/1, cuja violação provoca a nulidade do contrato celebrado entre o administrador e a sociedade".

Esta poderá ser a *ratio* da norma mas *apenas em parte*, porque não justifica que a proibição se estenda aos contratos celebrados *antes* (ou mesmo *muito antes*) da designação para administrador: proibir a execução de um "contrato de trabalho, subordinado ou autónomo", celebrado muito antes da designação do administrador não pode justificar-se com o propósito de reprimir a "prática repugnante" de o administrador aproveitar o seu cargo "para garantir o seu futuro, à custa da sociedade administrada". O contrato existia antes da assunção de funções de administrador e, portanto, não foi causado nem influenciado, no seu conteúdo, pela condição apenas subsequente de administrador. Um tal contrato não foi celebrado em virtude de o sujeito ocupar o cargo de administrador, pelo que a *ratio* apresentada apenas poderia justificar a proibição de celebrar contratos *após* a designação do administrador. A proibição (de execução) no que toca aos contratos *anteriores* tem de se estribar, necessariamente, noutras razões, pelo que esta *ratio* não permite explicar o regime na sua *globalidade*.

Também se identifica como finalidade do regime do art. 398º a *integridade do modelo de governo societário* e a *integridade do estatuto dos administradores*[19].

Rodrigues, *A administração...* cit., p. 307, Jorge Manuel Coutinho de Abreu, *Governação...* cit., pp. 70s. (embora discordando em parte do regime), Paulo de Tarso Domingues, "Administradores...", *cit.*, pp. 17ss., Ricardo Alberto Santos Costa, *Os Administradores...* cit., p. 807, nota 1764. Como se compreende, esta leitura a respeito da *ratio* do art. 398º abre porta ao entendimento de que, não sendo a situação nem *fictícia* nem *abusiva*, então não deva ser proibida (cfr., nesse sentido, Ricardo Alberto Santos Costa, *Os Administradores...* cit., p. 808, nota 1764) ou, quando menos, a criticar a amplitude do regime (como sucede com Jorge Manuel Coutinho de Abreu, *Governação...* cit., pp. 70s.).

[19] Cfr. José A. Engrácia Antunes, *A proibição de cúmulo..* cit., pp. 16ss.

Concretamente, aponta-se, por um lado, que o exercício das competências dos administradores – onde se incluem a abertura e encerramento de estabelecimentos da empresa, extensões ou reduções importantes de actividade, modificações importantes da organização da empresa, projectos de fusão e cisão (art. 406º) – "possa sacrificar os interesses da sociedade aos seus próprios interesses individuais"[20] e, por outro lado, que "a admissibilidade do cúmulo das funções administrativas e laborais permitiria iludir e contornar este princípio jussocietário nodal [livre destituição de administradores], bastando para tal que os administradores curassem de celebrar com a sociedade contratos de trabalho destinados a vigorar durante e após o termo do mandato de administração, assegurando dessa forma a perpetuação do seu vínculo à sociedade(...)"[21].

Não se contesta nenhuma destas considerações. Contudo, as primeiras, relativas ao exercício livre das competências pelo administrador, além de se reconduzirem ao problema geral do conflito de interesses (que analisaremos adiante), não permitem explicar por que razão um contrato, por exemplo, de arrendamento celebrado entre o administrador e a sociedade já não está sujeito ao mesmo regime: uma redução da actividade, o encerramento de um estabelecimento, uma fusão, etc., também podem conflituar, em concreto, com o interesse do "administrador-senhorio", mas o legislador não os sujeita ao mesmo regime. Dir-se-ia, genericamente, que qualquer *relação contratual duradoura* pode ser afectada por decisões da administração, pelo que, ao menos potencialmente, todas elas colocam os mesmos riscos de conflito de interesses.

Acresce que uma parte dos argumentos não permite explicar, sequer, a proibição do contrato de trabalho "autónomo", posto que este não se sujeita ao regime imperativo do direito de trabalho: o "trabalho autónomo" não permitiria "a perpetuação do vínculo do administrador à sociedade" iludindo o regime de livre destituição. Este argumento apenas vale para o contrato de trabalho "subordinado" e, mesmo quanto a este, não explica o regime a que se submetem os contratos de trabalho *anteriores*: o regime a que a lei os sujeita – que consiste na *suspensão* enquanto durarem as funções de administrador – não pode estribar-se na salvaguarda da "integridade do modelo legal de governação das sociedades anónimas", uma vez

[20] Cfr. José A. Engrácia Antunes, *A proibição de cúmulo..* cit., p. 18.

[21] Cfr. José A. Engrácia Antunes, *A proibição de cúmulo..* cit., pp. 18s.

que a perpetuação na sociedade decorre de um contrato anterior ao cargo de administração e nada tem que ver com este.

Em suma, também este fundamento pode explicar uma *parte do regime*, mas não o explica globalmente.

O mesmo se diga a propósito do entendimento de que a "manutenção da integridade do estatuto jurídico (ativo e passivo) do administrador", caracterizado pela sua independência e autonomia, no cumprimento dos deveres que decorrem da lei (art. 64º) e assunção da inerente responsabilidade, "contrasta frontalmente com a sua subordinação jurídica enquanto trabalhador"[22].

Também este fundamento permite explicar *uma parte* do regime, mas não, desde logo, a proibição do contrato de trabalho "autónomo", que não origina uma situação de *subordinação jurídica* e, portanto, não coloca aqueles problemas.

Por seu turno, a finalidade de *prevenção de conflitos de interesses*, identificada aliás por vários autores, sendo em si mesma incontestável – pois não pode contestar-se que o administrador estará em conflito, ao menos potencialmente, tanto na *celebração* como na *execução* de um "contrato de trabalho, subordinado ou autónomo", com a sociedade –, requer que se explique a *diversidade de regime* destes contratos ("de trabalho, subordinado ou autónomo"), consagrado no art. 398º, com o previsto, *em geral*, para os negócios celebrados entre a sociedade e o administrador (art. 397º). Com efeito, esta norma não proíbe, *em geral*, a celebração de negócios entre a sociedade e o administrador, limitando-se a impor a observância de dois requisitos – emissão de um parecer prévio do órgão de fiscalização e aprovação por deliberação do conselho de administração – e determinando que o administrador em causa não vote na referida deliberação[23]. O conflito de interesses na celebração de negócios com a sociedade levou o legislador

[22] Cfr. José A. Engrácia Antunes, *A proibição de cúmulo*.. cit., p. 19.

[23] Sobre o regime do art. 397º, cfr., por exemplo, Alexandre de Soveral Martins, *Administração*... cit., pp. 180ss., Ana Perestrelo de Oliveira, *Manual de*... cit., p. 246 (sustentanto que, além de impedido de votar, o administrador fica impedido de estar presente na reunião), João Sousa Gião, "Conflitos de Interesses entre Administradores e os Accionistas na Sociedade Anónima: Os Negócios com a Sociedade e a Remuneração dos Administradores", in *Conflito de Interesses no Direito Societário e Financeiro: Um Balanço a Partir da Crise Financeira*, Almedina, Coimbra, 2010, pp. 215ss., J. Coutinho de Abreu, in *Código*... cit., anot. ao art. 397º, e José Ferreira Gomes, *Da Administração à Fiscalização das Sociedades. A obrigação de vigilância dos órgãos da sociedade anónima*, Edições Almedina, Coimbra, 2015, pp. 349ss.

a exigir a observância de um regime que, todavia, não determina a proibição absoluta do negócio. E, por outro lado, os negócios celebrados *anteriormente*, mesmo que a sua vigência se mantenha quando o administrador passe a exercer funções, não são afetados: não se prevê, no art. 397º, nem a sua *caducidade*, nem a sua *suspensão*, ficando tais negócios imunes ao regime legal. O art. 397º apenas versa sobre a celebração de (novos) contratos, ao invés do art. 398º, que, embora diferentemente, tanto regula os contratos preexistentes à qualidade de administrador como os contratos celebrados já na pendência da relação.

Por outro lado, um núcleo identificado de negócios da sociedade com o administrador é submetido pelo art. 397º a regimes distintos daquele, aliás situados em extremos opostos:

(i) de uma parte, caso se trate de "ato compreendido no próprio comércio da sociedade e nenhuma vantagem especial seja concedida ao contraente administrador", a celebração passa a ser *livre*, dispensando-se a observância dos requisitos acima referidos (art. 397º, nº 5);

(ii) de outra parte, e opostamente, é totalmente *proibido* à sociedade "conceder empréstimos ou crédito a administradores, efetuar pagamentos por conta deles, prestar garantias a obrigações por eles contraídas e facultar-lhes adiantamento de remunerações superiores a um mês" (art. 397º, nº 1).

Perante o quadro legal aplicável aos negócios dos administradores com a sociedade (art. 397º), impõe-se perguntar por que razão os "contratos de trabalho, subordinado ou autónomo", estão sujeitos a regime distinto (art. 398º). Na verdade, o conflito de interesses é *comum* a uns e outros e, portanto, não pode ser o conflito, em si mesmo, a justificar o regime do art. 398º, posto que este difere significativamente do consagrado no art. 397º, em geral, para os negócios entre o administrador e a sociedade. Caso a *ratio* do art. 398º residisse nessa categoria geral que é o conflito de interesses, então repetir-se-ia o disposto no art. 397º, não se justificando a existência de um regime distinto tal como o consagrado no art. 398º[24].

[24] Razão por que, em coerência com a *ratio* da lei, tal como a identificam, alguns autores questionam a necessidade de um regime distinto do art. 397º. Cfr., por exemplo, JORGE MANUEL COUTINHO DE ABREU, *Administradores*... cit., pp. 19ss.

É certo que o art. 397º, no seu nº 1, também proíbe certos negócios do administrador com a sociedade – a concessão de *empréstimos*, *garantias*, ao *administrador* –, à semelhança do que o art. 398º dispõe a respeito do "contrato de trabalho, subordinado ou autónomo". O regime consagrado no nº 1 do art. 397º, que se aproxima mais do acolhido a respeito do "contrato de trabalho, subordinado ou autónomo", ainda assim difere deste, na medida em que não "retroage", quer dizer, não se projecta sobre negócios (de empréstimo ou outros) anteriores à qualidade de administrador.

Em resumo, os diversos fundamentos que vêm sendo apresentados para fundamentar o regime do art. 398º permitem *explicar alguns dos seus aspetos, mas não a sua globalidade*: uns justificam a proibição dos contratos de "trabalho subordinado", mas não a do contrato de "trabalho autónomo"; outros permitem explicar a proibição da celebração de contratos na pendência do mandato de administrador, mas não a suspensão (imperativa) dos contratos anteriormente celebrados; outros, ainda, explicam a proibição destes contratos, mas não explicam a diversidade de regime com outros contratos celebrados igualmente durante o mandato de administrador, etc.

Não pode excluir-se que, nos seus diferentes âmbitos – contrato de "trabalho subordinado" e contrato de "trabalho autónomo", contratos celebrados antes e contratos celebrados durante o mandato de administrador –, o regime do art. 398º se fundamente com diferentes razões. Contudo, não deve deixar de se procurar para um regime homogéneo e único uma *ratio* também ela homogénea e única.

A história do preceito não parece oferecer muitas indicações que auxiliem na sua interpretação, até porque, como refere Engrácia Antunes, é uma "disposição pioneira, sem antecedentes históricos no direito positivo português"[25]. É correto afirmar que não existia, até ao Código das Sociedades Comerciais, regime paralelo no direito nacional, não constando, do Código Comercial[26] norma de sentido equivalente. Mas parece-nos que

[25] Cfr. José A. Engrácia Antunes, *A proibição de cúmulo..* cit., p. 11.

[26] No Código Comercial, onde se acolhia o regime da sociedade anónima até à entrada em vigor do Código das Sociedades Comerciais, não existia norma idêntica à do art. 398º CSC. Previa-se, contudo, no art. 173º, § 3º (também aplicável às sociedades por quotas, por força do art. 31º da Lei de 11 de Abril de 1901), que "é expressamente proibido aos directores [administradores] destas sociedades [anónimas] negociar por contra própria, directa ou indirectamente, com a sociedade, cuja gerência lhes estiver confiada". Tratava-se, portanto, de uma abordagem cingida à perspetiva do *auto-contrato*, embora cominando uma sanção

já estavam consagradas, no nosso ordenamento jurídico, disposições que *apontavam no sentido do regime* que veio a ser acolhido no art. 398º, permitindo iluminar, até num plano sistemático, a respetiva *ratio*.

Com efeito, o Decreto-Lei nº 49 381, de 15 de novembro de 1969, que modernizou o regime de fiscalização das sociedades anónimas, dispunha, no art. 2º, nº 1, al. d), o seguinte: "Não podem fazer parte do conselho fiscal ou ser fiscais únicos / os que receberem da própria sociedade fiscalizada, ou de sociedade ou empresa compreendida nas alíneas b) ou c), *remuneração por quaisquer funções que não sejam as de membro do conselho fiscal*" (itálico nosso).

No quadro de um regime de *incompatibilidades*, o legislador impedia que os membros do órgão de fiscalização pudessem auferir remunerações da sociedade por *quaisquer outras funções*. De onde decorria a incompatibilidade com um contrato de trabalho ou com um outro qualquer contrato de prestação de serviço que não se encontrasse suspenso e do qual resultasse o direito a uma remuneração para o membro do conselho fiscal. O exercício de "funções" numa sociedade – a convocar uma prestação de serviço em sentido amplo – não poderia ser remunerada, para lá da remuneração inerente à qualidade de membro do órgão de fiscalização.

Esta linha de regime, no que toca aos membros do órgão de fiscalização, transitou para o Código das Sociedades Comerciais, primeiro no art. 414º, nº 3, al. e), e, com a reforma de 2006, no novo art. 414º-A, nº 1, al. e).

Na primeira versão do art. 414º, nº 3, al. e) (de 1986), proibia-se a eleição ou designação como membro do conselho fiscal ou fiscal de quem prestasse "serviços remunerados com carácter permanente à sociedade fiscalizada ou sociedade que com esta se encontre em relação de domínio ou de grupo". Nesta redacção, cingiu-se a proibição aos serviços cuja carácter fosse "permanente".

Com a Reforma de 2006, a matéria passou a inscrever-se no novo artigo 414º-A, nº 1, al. e), proibindo-se a eleição ou designação de quem, "de modo directo ou indirecto", "preste serviços ou estabeleça relação comercial significativa com a sociedade fiscalizada ou sociedade que com esta se encontre em relação de domínio ou de grupo".

distinta da que decorreria do regime comum do negócio consigo mesmo. Pelo menos, era esse o melhor entendimento da doutrina. Cfr., por todos, A. Ferrer Correia, *Sociedades fictícias e unipessoais*, Livraria Atlântida, Coimbra, MCMXLVIII, pp. 312ss., e Inocêncio Galvão Telles, "Contrato entre a sociedade anónima e o seu director", in *O Direito*, Ano 87º, 1955, pp. 12ss.

A nova redação veio suscitar diversas questões de interpretação que não relevam para a nossa análise, importando apenas ressaltar que a proibição passou a *limitar-se* tendo em conta um critério de "significado" ou "relevância" da relação – embora se discuta se o adjectivo ("significativa") se aplica apenas às relações comerciais ou também às prestações de serviços[27].

De todo o modo, não obstante a evolução do regime e as suas *nuances*, pode dizer-se que os membros do órgão de fiscalização estão impedidos de manterem com a sociedade uma relação que lhes proporcione uma remuneração (ao menos se for "significativa") *a acrescer* à que decorra do exercício das funções de fiscalização. O centro da proibição reside, para os membros do órgão de fiscalização, na *remuneração*: era o que decorria *expressamente* tanto do *Decreto-Lei nº 49 381* – em que a incompatibilidade advinha do *recebimento de remuneração por quaisquer outras funções* – como do *CSC na sua versão original* (art. 414º) – em que a incompatibilidade decorria da *prestação de serviços remunerados com carácter de permanência* – e é o que decorre, ainda que de forma implícita, do actual art. 414º-A. De facto, uma "relação comercial significativa" ou uma prestação de serviço "significativa" tem, implícito, um *critério de valor económico e remuneração.*

De sua parte, o Decreto-Lei nº 446/74, de 13 de setembro, que regulou as remunerações dos "corpos gerentes dos estabelecimentos do Estado e das sociedades ou empresas ligadas ao setor público", prescrevia no art. 2º, nº 4, que "são nulos os contratos de prestação de serviço celebrados entre os indivíduos referidos no número anterior ["corpos sociais" e "empregados"] e as empresas (...)".

Por seu turno, o Decreto-Lei nº 729/74, de 20 de dezembro, veio determinar a manutenção de todos os direitos dos trabalhadores que, "pertencendo aos quadros de quaisquer empresas, tenham sido designados, nomeados ou eleitos, em comissão de serviço, para administradores das mesmas empresas" (preâmbulo e art. 1º). Este diploma viria a ser alterado

[27] No sentido de que o critério também se aplica à prestação de serviço, cfr. ALEXANDRE SOVERAL MARTINS, *Sobre a Fiscalização das Sociedades Anónimas – Os órgãos de fiscalização. O ROC*, Almedina, Coimbra, 2020, p. 35, GABRIELA FIGUEIREDO DIAS, *in Código...* cit., anot. ao art. 414º-A, pp. 588ss., JOSÉ FERREIRA GOMES, in ANTÓNIO MENEZES CORDEIRO, *Código...* cit., anot. ao art. 414º-A, pp. 1359ss., e PAULO OLAVO CUNHA, "Independência e inexistência de incompatibilidades para o desempenho de funções sociais", in *Direito comercial e das sociedades. Estudos em memória do Professor Doutor Paulo M. Sendin*, Universidade Católica Editora, Lisboa, 2012, pp. 292ss.

pelo Decreto-Lei nº 16/76, de 14 de junho, que pormenorizou alguns aspetos do respetivo regime, mantendo o mesmo regime de suspensão do contrato de trabalho[28]. E estendeu o regime a empresas do "sector privado", relativamente aos administradores designados pelo Estado e também aos membros do órgão de fiscalização, levando a uma primeira *generalização* do regime da suspensão do contrato de trabalho anterior à designação.

Diversos regimes do Estatuto do Gestor Público (o primeiro aprovado em 1976, pelo Decreto-Lei nº 831/76, de 25 de novembro), vieram acolher também um conjunto de disposições destinadas a proibir o *cúmulo de remunerações*, caso o gestor exercesse outras funções (*vide* os arts. 23º, nº 2 e 24º).

Pode, assim, afirmar-se que um conjunto de diplomas, desde finais dos anos sessenta, vinha proibindo ou restringindo o cúmulo não propriamente de *funções*, mas sim de *remunerações* a membros de órgãos sociais: o legislador havia identificado como critério para a proibição do *cúmulo não o exercício de funções mas o recebimento de outras remunerações*. Uma proibição que assentava, portanto, na remuneração – impedindo que o membro do corpo social exercesse na sociedade outras actividades se estas fossem *remuneradas* – tinha um significado muito específico, que residia em obstar a que a sociedade pudesse, ao abrigo de relações aditadas à relação orgânica – mais ou menos fictícias, não importa –, criar um quadro *remuneratório paralelo* e *subtraído* ao regime legal das remunerações do cargo social.

O quadro de competências para a respetiva fixação, os limites aos seus montantes ou às suas componentes, o seu controlo, tanto pelos sócios, como por via judicial, poderiam ser ilididos na prática mediante a celebração de contratos entre o membro do corpo social e a sociedade que lhe facultassem remunerações em troca de serviços. Sendo certo, conforme

[28] O art. 1º passou a ter a seguinte redação: "1. Os trabalhadores que, pertencendo aos quadros das empresas, tenham sido ou venham a ser designados, nomeados ou eleitos, em comissão de serviço, para administradores das mesmas empresas, bem como os referidos no número seguinte, manterão sempre todos os direitos anteriormente adquiridos, designadamente: a) O direito de continuarem inscritos nas instituições de previdência em que até então se encontravam abrangidos; b) Os direitos emergentes de contratos ou acordos colectivos de trabalho, bem como outros benefícios sociais; c) O direito de regressarem aos lugares que anteriormente ocupavam, quando terminarem as funções nas empresas para onde foram transferidos, sendo sempre o respectivo período de tempo contado, para efeito de antiguidade ou outro, pela empresa de onde foram inicialmente destacados. 2. Aplica-se o disposto no número anterior aos trabalhadores que tenham sido ou venham a ser designados pelo Estado para o exercício de funções de gestão ou fiscalização em quaisquer empresas do sector público ou privado".

escrevemos anteriormente, que, tratando-se de gerente/administrador, tais *serviços* – nos dizeres da lei, "trabalho, dependente ou autónomo" –, sempre apresentariam necessariamente algo de *comum* ou dificilmente distinguível do conteúdo da função do próprio gerente/administrador, posto não existir um limite legal para o universo de atos abrangidos nas suas funções. Ao "prosseguirem o objecto social", exercendo a empresa societária, os gerentes/administradores podem prestar um conjunto não limitado de "serviços" à sociedade – actos operacionais, actos tecnicamente mais especializados, etc. –, o que torna *muito difícil* ou *mesmo impossível* identificar que determinados actos já não são prestados enquanto administrador, mas enquanto terceiro, prestador de serviço (ou trabalhador dependente). Em si mesmos, todos os actos praticados pelo administrador o poderão ser nessa qualidade, pelo que a segregação de alguns para, com eles, formar um contrato autónomo da relação de administração redunda numa decisão discricionária, que *não é determinada, objetivamente, pela natureza ou conteúdo dos actos.*

Apreciado sob este prisma, o regime do art. 398º torna-se, em nosso entender, bastante *coerente*, não só no *plano interno ao preceito*, como na sua *articulação seja com o disposto no art. 397º*, seja com o *regime aplicável aos membros dos órgãos de fiscalização*, seja ainda com o *regime das sociedades por quotas.*

Sendo a sua pedra de toque a proibição do *cúmulo de remunerações* (para o presente ou para o futuro), o art. 398º compreensivelmente não distingue consoante a natureza do vínculo: é irrelevante se o trabalho é "*subordinado*" ou "*autónomo*", posto que seja *remunerado*. Talvez resida aí a razão para o legislador não ter usado a expressão "prestação de serviço" – que, ao invés do "trabalho", não tem de ser remunerada[29] –, preferindo o conceito de "trabalho", "subordinado ou autónomo", para convocar um elemento típico do *trabalho*, que reside precisamente na remuneração. Não nos parece que "trabalho autónomo" equivalha integralmente, para efeitos do disposto no art. 398º, a "prestação de serviço", posto que só abrange a prestação de serviço *remunerada.*

Por outro lado, tendo em conta esta *ratio*, há-de ser indiferente, no plano dos efeitos sobre as remunerações, que a relação se apresente como *anterior*

[29] Sublinhando, na distinção entre contrato de trabalho e contrato de prestação, que esta não tem como elemento essencial a retribuição, cfr., por todos, JOÃO LEAL AMADO, *Contrato...* cit., p. 78.

ou *contemporânea*: por um lado, proíbe-se o cúmulo mediante a constituição de relações novas e, por outro, obsta-se ao cúmulo com as anteriores, determinando a respetiva *suspensão*. De uma forma ou de outra, o administrador não poderá ver adicionadas à sua remuneração enquanto administrador outras provindas da sociedade, quer tais remunerações tenham origem em contratos formados anteriormente à relação de administração ou no decurso desta.

Esta leitura implica concluir que o legislador *não obstou a que o gerente/administrador preste os mais diversos serviços à sociedade*: pode fazê-lo, desde logo, *ao abrigo da própria relação de administração*, posto que o âmbito desta não o cinge à "gestão" em sentido estrito conforme referimos; e pode fazê-lo, também, ao abrigo de um *contrato não remunerado*, pelo qual o gerente/administrador preste serviços que a relação de gerência/administração não lhe imporia.

Dir-se-á, contra este entendimento, que, deste modo, a sociedade estará impedida, por exemplo, de remunerar os serviços de um administrador jurista, sujeitando-se a ter de contratar um terceiro – porventura despendendo um valor maior e/ou recebendo um serviço de pior qualidade –, caso ele não se disponha a prestar o serviço gratuitamente.

O problema não deve, contudo, ser colocado nestes termos. Na determinação da remuneração do administrador, a sociedade pode (e, aliás, deve, tendo em conta o regime do art. 399º CSC) considerar se este, porque é um competente jurista, irá poupar à sociedade um custo relevante. E, se for o caso, poderá fixar uma remuneração mais elevada ou poderá, até, fixar uma remuneração que varie, consoante os pelouros que concretamente venha a assumir. De modo idêntico, aliás, ao que sucede quando a sociedade estabelece a remuneração dos administradores executivos e dos não executivos, e diferencia os pelouros que cada um ocupa. O valor da remuneração de cada administrador não é indiferente ao *âmbito da sua prestação* e pode reflectir essas *diferentes valências que o seu desempenho reflita*. A sociedade pode antever esse âmbito alargado da prestação do administrador, logo o refletindo no nível remuneratório, assim como pode remeter para uma componente variável, que será paga tendo em conta o serviço prestado. E nada obsta a que, posteriormente à prestação do "serviço", não tendo esta sido previamente ponderada e refletida no quadro remuneratório do administrador, a sociedade venha a *rever retroativamente o montante da remuneração*.

Nenhum destes casos ilude a proibição do art. 398º ou atraiçoa a *ratio* da norma: esta nada tem que ver com a remuneração que os administradores recebam *enquanto tais* – esse é o objeto de outras normas, mormente do art. 399º –, a não ser na medida em que determina que todas as remunerações auferidas pelos administradores em virtude de serviços prestados à sociedade estejam enquadradas no regime da remuneração do seu cargo. Do art. 398º nada decorre a respeito do *montante* das remunerações dos administradores, mas apenas do *título* a que tais remunerações são devidas. A norma proíbe um "mosaico remuneratório", que permitisse compor uma remuneração que *somente em parte* fosse imputada à qualidade de administrador e que, portanto, apenas nessa parte se sujeitasse ao regime legal da remuneração de administradores.

Seguindo embora uma técnica distinta, mas, importa frisá-lo, acabando por chegar a um resultado essencialmente idêntico, foi o que o legislador também prescreveu para os *membros do órgão de fiscalização*: a proibição de prestação de serviços ou de relação comercial significativa com a sociedade mais não é do que proibir a tais membros que colham, *paralelamente ao quadro remuneratório próprio do seu cargo*, outras remunerações, isentas do respetivo regime.

Perspetivado nestes termos, o regime do art. 398º distingue-se da *ratio* do art. 397º e não poderia ser substituído por este[30]. Com efeito, a *prestação de serviços* (no âmbito de "trabalho, dependente ou autónomo") é, por natureza e conforme referimos antes, enquadrável no âmbito da prestação enquanto administrador. De modo que remeter para o próprio órgão de administração – ainda que sem intervenção do administrador em causa e ainda que suportado por parecer conforme do órgão de fiscalização – a decisão de celebrar contrato remunerado com tal objeto redundaria, no final das contas, em atribuir ao órgão de administração (e ao órgão de fiscalização) o poder de *recortar o âmbito da prestação devida pelo administrador*, reduzindo-a mais ou menos, para lhe acrescentar de seguida, já sob a capa de uma *outra relação contratual*, uma prestação idêntica. No fundo, a própria administração assumiria, por esta via, o poder de decidir qual o âmbito da prestação de serviço inscrita no quadro da *sua relação de administração* – e

[30] Admitindo que "talvez fosse suficiente o crivo previsto no nº 2 do art. 397º", em lugar da proibição absoluta da primeira parte do nº 1 do art. 398º, cfr. Jorge Manuel Coutinho de Abreu, *Governação...* cit., p. 71.

remunerada neste âmbito – e qual a extensão da prestação destacada para um exercício a ele "externo" e autonomamente remunerada.

Os casos a que o art. 397º se dirige são inteiramente distintos destes. Trata-se, aí, de negócios que *extravasam necessariamente a relação de administração*, negócios que em nenhuma circunstância se inscreveriam nela. Por conseguinte, a administração, ao decidir a sua celebração com um administrador, *não está a interferir com a relação de administração – redefinindo o seu âmbito* e a *contrapartida a pagar pela sociedade* –, apenas está a cumular um negócio cujo objeto se *distingue essencialmente da prestação de administrador.* Nestes casos, sim, do que se trata é, apenas, de prevenir os riscos inerentes ao "auto-contrato", que o legislador regulou nos termos conhecidos: no art. 397º, o problema que se previne é, pois, especificamente o do *auto-contrato.* Já no art. 398º, o que se impede é que o órgão de administração ou o órgão de fiscalização *redefinam* o âmbito e os termos da relação de administração, matéria para que, no direito português, não têm *competência.*

Aditar-se-á, ainda, que, sendo assim, não se justificaria um regime de *proibição absoluta*, como a consagrada no art. 398º, posto que poderia deixar-se à liberdade dos sócios permitir o cúmulo com a prestação de "trabalho, subordinado ou autónomo" de cada administrador, sobretudo a prestação de "trabalho autónomo". Essa seria, com efeito, uma possibilidade *conciliável com a ratio da norma*, que o legislador poderia ter seguido. Contudo, importa ter presente, ainda assim, que a sociedade anónima não foi configurada pelo legislador nacional como um tipo suportado pela intervenção quotidiana e ágil dos accionistas, que apenas são chamados pontualmente ao exercício de competências relativamente estritas. O legislador terá entendido que convocar a intervenção dos acionistas para a celebração de tais contratos e para a definição dos seus termos se revelaria desadequado ao *modo-de-ser* da assembleia geral da anónima, desenhada para a grande empresa e para um conjunto de competências de especial relevância.

3. Sociedades por quotas

O silêncio a respeito dos gerentes das sociedades por quotas tem suscitado a questão da eventual aplicação, por analogia, do regime do art. 398º. A doutrina mantém-se dividida a este propósito[31].

[31] No sentido (dominante) da não aplicação do art. 398º às sociedades por quotas, admitindo-se o cúmulo, inclusive com o contrato de trabalho, cfr. Ilídio Duarte Rodrigues,

A posição dos gerentes é, em múltiplos aspetos, idêntica à dos administradores, o que favorece o argumento da aplicação do mesmo regime. Existem, contudo, razões para não aplicar o regime dos administradores das anónimas aos gerentes das sociedades por quotas.

Na verdade, o modelo do tipo societário é muito diferente, assentando a sociedade por quotas numa estreita relação dos sócios com a gestão da sociedade: os sócios gozam de competência inclusive sobre matérias de gestão (art. 259º CSC); na falta definitiva de gerentes, os sócios assumem os poderes da gerência (art. 253º, nº 1); à qualidade de sócio pode estar associada, por via de um direito especial, a qualidade de gerente (conforme decorre do art. 257º, nº 3). As sociedades por quotas tendem a ter um número menor de sócios e estes a serem mais próximos da vida social.

Compreende-se, por isso, que o regime extremo a que o legislador sujeitou os administradores das sociedades anónimas – proibindo em absoluto remunerações por "trabalho, subordinado ou autónomo", na pendência da relação de administração – não se aplique aos gerentes das sociedades por quotas: a proximidade que, neste tipo, existe entre os sócios e a vida social, por um lado, e a comum qualidade de gerente associada à posição de sócio, por outro, explicam que possa deixar-se *algum espaço de liberdade para que os gerentes prestem serviços remunerados à sociedade*. A que acresce, ainda, o facto de o exercício de funções de administrador, pela dimensão da empresa que inspira o regime da anónima, tender a assumir, diferentemente do que sucede na sociedade por quotas, um carácter profissional, que aconselha a que a "força de trabalho" do administrador se concentre no exercício dessas funções e para estas fique reservada.

A administração... cit., pp. 312ss., JORGE MANUEL COUTINHO DE ABREU, *Administradores...* cit., p. 21, nota 28 (reconhecendo à gerência competência para decidir a contratação do gerente), JORGE MANUEL COUTINHO DE ABREU, *Governação...* cit., p. 72, nota, 172, LUIS BRITO CORREIA, "Admissibilidade de remuneração variável de um gerente de sociedade por quotas", in *Direito das Sociedades em Revista*, II, ano I, 2009, pp. 14s., MARIA IRENE FERREIRA GOMES, *O dirigente no Direito do Trabalho*, policop., 2012, p. 152, RAFAEL TEIXEIRA RAMOS, *A relação...* cit.,pp. 224s., RAÚL VENTURA, *Sociedades por quotas*, vol. III, 2ª ed. (reimpressão da 1ª edição de 1991), Almedina, Coimbra, 1999, pp. 33ss., RICARDO ALBERTO SANTOS COSTA, *Os Administradores...* cit., p. 809, nota 1764. Contra, defendendo a aplicação do regime, cfr. PAULO DE TARSO DOMINGUES, "Administradores...", *cit.*, p. 22. Sem tomar posição expressa, mas parecendo simpatizar mais com a não aplicação, cfr. ANA PERESTRELO DE OLIVEIRA, *Manual de...* cit., p. 201.

Deve entender-se, por isso, que o regime do art. 398º *não se aplica, nos seus termos estritos, às sociedades por quotas.* Mas não se deve desconsiderar que, no plano sistemático, o legislador excluiu a prestação de serviços por quem exerce funções no órgão de administração da sociedade. E tão-pouco deve desconsiderar-se que a celebração de contratos de prestação de serviços consubstancia um recorte na função de gerente. Por conseguinte, visto tratar-se de matéria de remuneração e do quadro de funções do gerente, tem sempre de sujeitar-se ao respetivo regime e enquadramento.

Por isso, apesar de não ser estritamente proibida, conforme resultaria da aplicação analógica do art. 398º, a prestação de serviços remunerados pelo gerente deve, contudo, sujeitar-se a *diversas condições* e assumir um carácter *limitado.*

Em primeiro lugar, há-de tratar-se de uma matéria claramente *identificável* e *autonomizável* da função própria de gerente (*em sentido estrito*). O contrato de prestação de serviço não pode incidir sobre *matérias de gestão em sentido estrito.*

Em segundo lugar, há-de consistir numa tarefa que requeira *conhecimentos técnicos* ou *profissionais específicos, não podendo respeitar a tarefas indiferenciadas* – o objeto não pode, por exemplo, consistir no atendimento telefónico, secretariado da gerência, limpeza, entregas, etc.

Cingida ao universo de atividades que requerem *conhecimentos técnicos* ou *profissionais específicos* (mas que não integrem o âmbito da *gestão em sentido estrito*), a *contratação da prestação de serviços é de admitir*, importando salvaguardar a tutela dos interesses dos sócios no regime da decisão de contratar os serviços de um gerente, fixando *quem tem poderes para decidir a contratação do gerente*; *qual a sua (possível) intervenção*; *quem celebra o contrato.*

Um contrato celebrado entre a sociedade e o seu gerente coloca, sempre, um problema de *conflito de interesses.* Ao invés do que sucede com os administradores das sociedades anónimas, a lei não esclarece em que termos pode o gerente contratar com a sociedade, encontrando-se, na matéria, diferentes posições a este respeito[32].

[32] Sustentando a aplicação analógica do disposto no art. 397º às sociedades por quotas, cfr. Alexandre Soveral Martins, "A aplicação do art. 397º CSC às sociedades por quotas", in *II Congresso Direito das sociedades em revista*, 2012, pp. 557ss., Diogo Pereira Duarte, in António Menezes Cordeiro, *Código*... cit., anot. ao art. 252º, p. 893, Jorge Manuel Coutinho de Abreu, "Negócios entre sociedades e partes relacionadas (administradores, sócios) -sumário às vezes desenvolvido", in *Direito das Sociedades em Revista*, Ano V, vol. 9, 2013,

Independentemente do regime a que, em geral, os negócios do gerente com a sociedade devam ser submetidos, importa sublinhar que o problema suscitado pela contratação do gerente para a prestação de serviço à sociedade apresenta *uma especificidade relativamente ao enquadramento geral* da matéria. Na verdade, tal como em qualquer outro negócio que o gerente celebre com a sociedade, também existe na contratação de uma prestação de serviço um *conflito de interesses*. Contudo, neste caso, emerge um problema *acrescido*, que o distingue: uma vez que a função de gerente consiste *também numa prestação de serviço*, a celebração de tal contrato interfere, *ao menos potencialmente*, com aquela relação, mormente com o seu *âmbito* e com a sua *remuneração*, podendo tal contrato redundar seja numa *cisão da função*, seja numa *duplicação de remunerações*.

Esta questão não se coloca, naturalmente, quando o gerente celebre, por exemplo, um contrato de compra e venda ou de arrendamento com a sociedade: esse contrato não interfere com a prestação a que o gerente se encontra obrigado no exercício das suas funções, situando-se o conflito, apenas, ao nível de eventual sub/sobrepreço e da própria necessidade ou conveniência da sociedade em celebrar o negócio. A matéria releva portanto unicamente do âmbito da gestão da empresa, pelo que, em princípio, competirá à gerência decidir a celebração do contrato[33].

pp. 20ss., Jorge Manuel Coutinho de Abreu and Rui Pereira Dias, "Sociedades fechadas", in *Direito das Sociedades em Revista*, Ano 7, vol. 13, Almedina, Coimbra, 2015, p. 33. Recusam essa aplicação analógica Raúl Ventura, *Sociedades por quotas*, cit., pp. 177s. (remetendo para o regime comum do negócio consigo mesmo, consagrado art. 261º CCiv), Diogo Costa Gonçalves, "O governo das sociedades por quotas: Breves reflexões sobre a celebração de negócios entre gerente e a sociedade.", in *O governo das organizações – a vocação universal do corporate governance*, 2011, pp. 108ss. (que identifica uma lacuna, mas recusa a aplicação analógica do art. 397º, antes sustentando a formulação de uma norma *ad hoc*, que determina a nulidade do negócio do gerente celebrado consigo mesmo, ao invés da sanção que decorre do regime do comum negócio consigo mesmo) e, na esteira deste autor, também Ana Perestrelo de Oliveira, *Manual de...* cit., pp. 250s., José Ferreira Gomes, *Da Administração à...* cit., p. 369, nota 1277 (antes, mas sem tomar posição, vide José Ferreira Gomes, "Conflito de Interesses entre Accionistas nos Negócios celebrados entre a Sociedade Anónima e o seu Accionista Controlador ", in *Conflito de Interesses no Direito Societário e Financeiro: Um Balanço a Partir da Crise Financeira*, Almedina, Coimbra, 2010, p. 105, nota 92).

[33] Pode suceder, apenas, que o órgão de administração seja unipessoal – ou, em caso de pluripessoalidade, todos os seus membros sejam partes no contrato –, a implicar, para se ultrapassar o conflito de interesses na decisão e o impedimento por que todos se encontram

Diferentemente se apresenta a questão quando se trate de celebrar um contrato de prestação de serviço com o gerente.

Tendo em conta que, nas sociedades por quotas, os sócios gozam de competência *exclusiva* para a fixação dos termos da relação da sociedade com o gerente (art. 255º)[34], deve entender-se que será *sempre necessária uma deliberação dos sócios para a celebração de um contrato de prestação de serviços com o gerente*. Trata-se, portanto, de competência da assembleia de sócios deliberar sobre a celebração de contratos com o(s) gerente(s) relativos à prestação de serviços à sociedade[35]. E, nessa deliberação, os sócios terão oportunidade de ponderar não só a *necessidade/conveniência da celebração de tal contrato*, como a *remuneração do gerente*, numa perspetiva *global*: quanto irá auferir pela sua função de gerente e quanto receberá pela sua função (autónoma) de prestador de serviço.

Atento o conflito de interesses em que se encontra, o gerente, *sendo sócio*, estará *impedido de votar* na deliberação[36]: não existe impedimento de voto na deliberação de fixação de remunerações ao gerente (que seja também sócio)[37], visto tratar-se, nesse caso, de uma *relação societária*, mas já haverá impedimento na contratação do gerente *enquanto entidade terceira*, por se

abrangidos, que a decisão seja remetida para a assembleia geral. Todavia, insiste-se, não porque esta fosse uma matéria da sua competência *primária*, mas porque, na impossibilidade de o órgão de administração decidir sobre a matéria, atento o conflito e o impedimento que atinge os seus membros, é à assembleia de sócios, enquanto órgão de competência *residual* que cabe a decisão. Neste sentido, cfr. J. Coutinho de Abreu, in *Código*... cit., anot. ao art. 397º, pp. 344s.

34 Sem prejuízo de se poder admitir que, à semelhança do que sucede nas sociedades anónimas (art. 399º), se entregar a uma comissão de remunerações, eleita pelos sócios, a competência para a fixação das remunerações.

35 No mesmo sentido se pronuncia a doutrina alemã, invocando a designada "competência anexa" da assembleia geral para deliberar a eleição dos gerentes ou a sua destituição: a esta competência prevista na lei "anexam-se" todas as relacionadas com a condição de gerente. Cfr., por exemplo, Altmeppen, in *Roth/Altmeppen GmbHG*, 7. Auflage, C. H. Beck, 2012, § 6, anots. 79s., Hüffer/Schäfer, in *Habersack/Casper/Löbe GmbHG Grosskommentar*, 3. Auflage, Mohr Siebeck (Beck-online), Heidelberg, 2020, § 46, anot. 64, e Römmermann, in *Michalski/Heidinger/Leible/J. Schmidt GmbH-Gesetz*, 3. Auflage, C. H. Beck, München, 2017, § 46, anots. 46ss.

36 Mas não de participar na assembleia. Sobre a matéria, cfr. Pedro Maia, *Voto e Corporate Governance. Um novo paradigma para a sociedade anónima*, Almedina, Coimbra, 2019, pp. 106ss.

37 Cfr. J. Coutinho de Abreu, in *Código das Sociedades Comerciais em Comentário*, vol. IV (Artigos 246º a 270º-G), 2ª ed., Almedina, Coimbra, 2017, anot. ao art. 251º, p. 74, Raúl Ventura, *Sociedades por quotas*, vol. II, Almedina, Coimbra, 1989, p. 285,

tratar de uma "relação entre a sociedade e o sócio estranha ao contrato de sociedade" (art. 251º, nº 1, al. *g*), CSC)[38].

Não se pode ignorar, ainda assim, que, sendo o gerente também sócio, a contratação para prestação de serviços à sociedade pode constituir um mecanismo destinado a proporcionar rendimentos *à margem do regime da participação nos lucros*, subtraindo dividendos aos restantes sócios (minoritários).

Esse mesmo resultado de "conversão" de lucros sociais em ganhos certos para um sócio (ou parte dos sócios) pode igualmente assentar no pagamento de remunerações de gerente: não se trata, na verdade, de um risco *específico* da celebração de um contrato de prestação de serviços com o gerente (também sócio). Mas importa perguntar se, a par do mecanismo geral de tutela que decorre da *proibição de abuso de direito* – e que pode constituir fundamento de invalidade da deliberação de contratação da prestação de serviço com gerente e respetiva remuneração (art. 58º, nº 1, al. *b*)) –, não deve admitir-se a aplicação, por identidade de razão, do disposto no art. 255º, nº 2. Com efeito, esta norma consagra a possibilidade de o tribunal, a requerimento de qualquer sócio, reduzir as "remunerações" do gerente, "quando forem gravemente desproporcionadas quer ao trabalho prestado quer à situação da sociedade".

Atento o entendimento de que partimos, no sentido de a prestação de serviço abrangida na função de gerente ser tendencialmente *universal* no seu âmbito e *elástica*, faz sentido que o destaque de uma parcela de tal atividade, mediante a celebração de um contrato "paralelo" de prestação de serviço com o gerente – admitido apenas quando a prestação de serviço se apresenta como "facultativa", nos termos antes referidos –, não fique isenta do regime de controlo e de tutela dos sócios minoritários dispensado pelo art. 255º Assim, deve entender-se que o art. 255º, nº 2, se *aplica também aos contratos de prestação de serviço celebrados com o gerente*, sendo a "remuneração" entendida em *sentido amplo*, para abranger também os pagamentos devidos no âmbito de contratos de prestação de serviço "autónomos" da relação de gerência.

Por outro lado, ainda na hipótese de o gerente ser *também sócio*, se a prestação de serviço corresponder ao *cumprimento de uma obrigação de pres-*

[38] Sobre o impedimento de voto dos sócios das sociedades por quotas e o seu fundamento, cfr., por exemplo, entre nós, António Menezes Cordeiro, *Direito das Sociedades II*, vol. II, 2ª ed., Almedina, Coimbra, 2014, pp. 411ss., Raúl Ventura, *Sociedades por quotas*, cit., pp. 278ss.

tações acessórias (enquanto sócio)[39], já não será necessária a deliberação dos sócios. Com efeito, decorre do art. 209º, nº 1, que os elementos essenciais da obrigação de prestações acessórias e o seu carácter gratuito ou oneroso deverão estar fixados no contrato de sociedade, pelo que se dispensa uma subsequente intervenção dos sócios para, por um lado, admitirem a prestação de serviço e, por outro, fixarem os seus termos. De resto, a prestação de serviço, nesse caso, assenta direta e exclusivamente na sua qualidade de sócio, sendo indiferente à qualidade de gerente.

Nesta mesma linha de entendimento e *inversamente*, quando não tenha sido celebrado um contrato de prestação de serviço com o gerente, deve ser considerada na aplicação do art. 255º, nº 2, a valência técnica da sua prestação e o seu âmbito: isto é, a sua remuneração poderá ser maior, por exemplo, se o gerente, em virtude de especiais competências técnicas que detenha em matéria informática, dispensar a sociedade do custo da contratação de um terceiro para a prestação de serviços nessa área. A amplitude da prestação em concreto – que decorre da competência e conhecimentos do gerente – deve, naturalmente, refletir-se na sua remuneração e terá, por conseguinte, de ser considerada na decisão judicial visando a sua redução.

Já no que toca ao regime do art. 29º – que respeita à "aquisição de bens a acionistas" –, este deverá aplicar-se *se* e *na medida* em que a norma seja interpretada no sentido de abranger, no plano *subjetivo*, também as *sociedades por quotas* (e não apenas as sociedades anónimas e em comandita por acções, conforme decorre da sua letra), e, no plano *objectivo*, também as *prestações de serviços* (e não apenas, conforme decorre do enunciado legal, a "aquisições de bens")[40].

[39] No direito português, ao invés do que sucede noutros ordenamentos, a obrigação de prestações acessórias pode ter por objecto *serviços*. Sobre a matéria, cfr. PEDRO MAIA, *Voto...* cit., pp. 58ss.

[40] Trata-se de matéria que vem sendo discutida na doutrina. No sentido da sua aplicação às prestações de serviço, cfr. PEDRO MAIA, *Voto...* cit., pp. 61s., nota 62. Quanto à aplicação da norma também a sociedades por quotas, afastando-a, cfr. ANTÓNIO A. CAEIRO, "Princípios fundamentais da reforma do direito das sociedades comerciais", in *Revista «Textos» do Centro de Estudos Judiciários*, 1994, p. 11, e PAULO DE TARSO DOMINGUES, *O Financiamento Societário pelos Sócios (e o seu reverso)*, 2ª ed., Almedina, Coimbra, 2022, pp. 156ss.

Responsabilidade dos administradores meramente nominais pelos actos praticados por administrador de facto[1]

Maria de Fátima Ribeiro[2]

Sumário: 1. Os administradores de facto e o papel do registo. 2. A orientação seguida em matéria fiscal. 3. O regime insolvencial. 4. O Código das Sociedades Comerciais e a responsabilidade dos administradores meramente nominais pelos actos praticados pelo administrador de facto

A questão a que nos propomos responder é a de saber se a responsabilidade do administrador de facto, por actos ou omissões próprios, afasta ou pode afastar a possibilidade de responsabilização do administrador "de direito" de uma sociedade comercial.

Ainda antes de mais considerações, não resistimos a deixar aqui as palavras inspiradoras de Germano Marques da Silva que, a propósito do estudo do tema no domínio penal, tão bem ilustram a importância e actualidade do problema:

[1] Este texto corresponde, com ligeiras alterações, ao publicado com o mesmo título na *Revista de Direito Comercial*, 2022, 519-556.

[2] Associate Professor of the Faculty of Law of Universidade Católica Portuguesa. Member of the Católica Research Center for the Future of Law. Faculdade de Direito/Universidade Católica Portuguesa. https://orcid.org/0000-0002-1801-1432. E-mail: mribeiro@ucp.pt

> "Sempre me incomodou a prática institucionalizada de dar o nome porque dar o nome sem exercer a respetiva função é, salvo casos muito especiais, nomeadamente nas sociedades familiares, uma forma de ludibriar terceiros. Mais me incomoda quando se assalaria o nome, ou seja, quando se cobra apenas para dar o nome. Receber sem trabalhar não me calha de feição, não julgo justo, e não julgo justo porque receber sem trabalhar constitui ofensa aos que trabalham, e às vezes muito, e não recebem o indispensável para proporcionarem às suas famílias um teor de vida decente.
>
> É frequente, ou era até há pouco, haver administradores de sociedades que só dão o nome, muitas vezes a várias sociedades, mas recebem direta ou indiretamente; são os chamados 'administradores meramente nominais', também designados por 'administradores de direito' ou 'administradores formais', administradores legalmente nomeados, mas que não exercem de facto as funções que lhes cabem por imposição do estatuto que assumem. E ainda agora, e assim foi prática corrente no passado, quando esses administradores são chamados a responder [...] apressam-se a defender-se com o não exercício efetivo das funções para que foram designados. E frequentemente o argumento pega!"[3]

Trata-se de questão que merece especial atenção, pois no âmbito do direito fiscal e penal tem-se generalizado uma orientação específica que, se transposta para o âmbito jus-societário, pode conduzir a resultados incompatíveis com a *ratio* do regime dos deveres e responsabilidades dos administradores. Na análise do problema, delimitaremos o nosso estudo ao caso em que o administrador ou gerente de direito (também designado por homem de palha) voluntariamente não exerce as funções correspondentes ao cargo para que foi designado, confiando esse exercício a terceiros (quer se trate de outros membros do órgão de administração quer de pessoas a ele estranhas).

Não cabe aqui aprofundar as razões que levam à existência disseminada dos administradores de direito que o não são de facto, mas podem elencar-se as mais comuns: servir os interesses de alguém impedido de exercer essas funções, *v.g.*, na sequência da afectação na qualificação de uma

[3] Cfr. Germano Marques da Silva, "Sobre a responsabilidade penal dos administradores de direito e não de facto", in *Constitucionalismos e Contemporaneidade. Estudos em Homenagem ao Prof. Doutor Manuel Afonso Vaz*, UCP-Porto, Porto, 2020, 589-613, pág. 589.

insolvência como culposa, ou de alguém que quer evitar o regime legal de responsabilidade dos administradores; retirar vantagens pessoais (nomeadamente remuneratórias, profissionais, políticas, familiares e/ou outras) da designação para o cargo, integrando assim um órgão que precisa de um membro com as suas características para estar em condições de cumprir objectivos de representatividade, preenchimento de quotas ou até de consolidação da reputação da empresa[4]. Em qualquer caso, estes administradores voluntariamente não exercem as funções inerentes ao cargo que aceitaram, funções essas que são então exercidas por terceiros a quem, no papel de gerentes ou administradores de facto, é imputada a prática de actos ou omissões ilícitos e culposos que geram danos à sociedade, aos sócios e/ou a terceiros[5].

1. Os administradores de facto e o papel do registo

O primeiro aspecto que cabe esclarecer é, desde logo, o da determinação dos efeitos do registo dos actos de nomeação dos administradores – pelo qual se estabelece a presunção de que "existe a situação jurídica, nos precisos termos em que é definida" (cfr. o artigo 11º do Código de Registo Comercial).

É certo que se a situação jurídica em causa não existir pode ser afastada a presunção, que é ilidível. Deste modo, se a pessoa que consta do registo não é de facto administrador, porque entretanto está legalmente impedido ou porque o acto de designação ou nomeação é inválido, por exemplo, poderá ser afastada a presunção de que ele é administrador daquela sociedade. Também se o administrador entretanto renunciou expressamente, nos termos do disposto nos artigos 258º e 404º CSC, fica ilidida a presunção.

Mas o mesmo não poderá dizer-se no caso de ele, apesar de ser administrador, não exercer de facto as funções que lhe competem sem ter renunciado, pois o que está em causa não é, nesse caso, a inexistência da situação

[4] Para mais exemplos, cfr. Mathias Siegmann/Joachim Vogel, "Die Verantwortlichkeit des Strohmanngeschäftsführers einer GmbH. Eine Besprechung des Urteils des Bundesgerichtshofs vom 13. April 1994, ZIP 1994, 867", in *ZIP*, 1994, 1821-1829, pp. 1821 ss..

[5] Para a análise da matéria da responsabilidade do administrador de facto, cfr. por todos, desenvolvidamente, Ricardo Costa, *Os Administradores de Facto das Sociedades Comerciais*, Almedina, Coimbra, 2016, *passim*.

jurídica registada – é o deliberado incumprimento das funções que cabem ao gerente ou administrador de que se trate, precisamente porque a situação jurídica existe e ele é, voluntária e validamente, administrador da sociedade.

Por outras palavras, o que se presume com o registo é que aquela pessoa é administrador da sociedade, tem essa qualidade, não que essa pessoa efectivamente exerce as funções correspondentes ao cargo, o que se traduzirá no cumprimento do dever de administrar (que é o principal dever que sobre um administrador impende). Assim, fazer prova de que não se estão a cumprir as obrigações que correspondem aos deveres que impendem sobre um administrador não é ilidir a presunção de que ele é administrador – é tão-só provar que ele, sendo administrador, não cumpre essas obrigações, devendo sujeitar-se às consequências legais desse incumprimento. E a leitura desta presunção tem sido, a nosso ver, distorcida pela doutrina e pela jurisprudência dominantes[6].

Os efeitos desta distorção são perversos: os gerentes ou administradores que voluntariamente "emprestam o nome" à sociedade, permitindo que ele conste do registo comercial com funções de publicidade (ao serviço da segurança no tráfego jurídico), admitem a possibilidade de os terceiros serem levados a presumir que eles efectivamente exercem as funções respectivas, confiando na veracidade desse facto – de resto, é normalmente esse o efeito que se pretende com o recurso a este estratagema, porque é esta a função do registo. Depois, se demandados, afastam a sua responsa-

[6] Cfr., a título ilustrativo e entre vários outros, o acórdão do TRG, de 25 de Junho de 2019 (Ana Teixeira), in www.dgsi.pt, no qual se afirma que "[r]elativamente à gerência de facto [...], a mesma decorre, desde logo da certidão comercial da sociedade, da qual consta como gerentes, os aqui arguidos, pelo que de tal registo há uma presunção que os gerentes de direito são os gerentes de facto da sociedade, sendo estes para todos os efeitos legais os legais representantes da sociedade". E: "A responsabilidade é atribuída em função do exercício do cargo de gerente e reportada ao período do respectivo exercício. Ou seja, a gerência de facto, real e efectiva, constitui requisito da responsabilidade dos gerentes, não bastando, portanto, a mera titularidade do cargo, ou o que se designa por gerência nominal ou de direito. Com efeito, não há qualquer presunção legal que faça decorrer da qualidade de gerente nominal ou de direito, o efectivo exercício da função [...], cumprindo salientar que da inscrição no registo comercial da nomeação de alguém como gerente apenas resulta a presunção legal (artº 11º do Código do Registo Comercial) de que o nomeado é gerente de direito, não de que exerce efectivas funções de gerência e só quem tem a seu favor uma presunção legal, escusa de provar o facto a que ela conduz (artº 350º, nº 1, do Código Civil)".

bilidade com base no facto de esta presunção, que assenta num facto por eles praticado (terem aceitado a nomeação[7]), ser ilidível.

Pois bem, consistindo uma presunção em retirar de um facto conhecido um facto desconhecido, esta leitura de que o facto desconhecido é o de que aquele gerente ou administrador efectivamente exerce as funções correspondentes ao cargo e cumpre a obrigação de administrar permitiria que uma pessoa desse voluntariamente origem ao facto conhecido (o registo do seu nome como gerente ou administrador de uma sociedade), manipulando a confiança dos terceiros e sabendo que não iria verificar-se o facto supostamente presumido, o que invocaria a seu contento para afastar a pretensa presunção e, consequentemente, a sua responsabilidade. Não é esta, nem pode ser, a função do registo – é a sua própria subversão –, pelo que sempre se poderia ponderar a actuação abusiva da pessoa em causa. Mas, acima de tudo, como se viu, não é nem pode ser este o facto desconhecido que se presume.

2. A orientação seguida em matéria fiscal

No artigo 24º da Lei Geral Tributária estabelece-se o seguinte:

> "1 – Os administradores, directores e gerentes e outras pessoas que exerçam, ainda que somente de facto, funções de administração ou gestão em pessoas colectivas e entes fiscalmente equiparados são subsidiariamente responsáveis em relação a estas e solidariamente entre si:
>
> a) Pelas dívidas tributárias cujo facto constitutivo se tenha verificado no período de exercício do seu cargo ou cujo prazo legal de pagamento ou entrega tenha terminado depois deste, quando, em qualquer dos casos, tiver sido por

[7] O que afirmamos é ainda, actualmente, corroborado pelo regime instituído pelo Decreto-Lei nº 109-D/2021, de 9 de Dezembro, que pelo seu artigo 8º veio alterar a redacção dos artigos 252º e 391º do CSC: através da introdução, respectivamente, de um novo número 3 e 2, exige-se agora, para efeitos de registo da designação dos gerentes e administradores, a apresentação de "documento comprovativo da designação e, quando deste não constem, declaração de aceitação da designação e declaração da qual conste não terem conhecimento de circunstâncias suscetíveis de os inibir para a ocupação do cargo". Os gerentes e administradores devem então, agora, aceitar expressamente o cargo, não podendo depois afirmar, como tantas vezes sucede, o seu desconhecimento relativamente a este facto – embora exista o novo problema da compatibilização deste regime com o disposto no nº 6 do artigo 391º CSC, que para as sociedades anónimas ainda prevê a possibilidade de aceitação expressa ou tácita do cargo, pelo que deve considerar-se este número parcialmente revogado, na parte em que admite esta última modalidade de aceitação.

culpa sua que o património da pessoa colectiva ou ente fiscalmente equiparado se tornou insuficiente para a sua satisfação;

b) Pelas dívidas tributárias cujo prazo legal de pagamento ou entrega tenha terminado no período do exercício do seu cargo, quando não provem que não lhes foi imputável a falta de pagamento.".

Na determinação do responsável tributário subsidiário (artigo 18º, nº 3, da Lei Geral Tributária), esta norma tem sido geralmente interpretada, quer pela doutrina[8] quer na jurisprudência[9], como estabelecendo a responsabilidade daqueles que são apenas administradores de facto, mas excluindo a responsabilidade daqueles que sejam apenas administradores de direito. Por outras palavras, e para o que aqui interessa, tem-se entendido que o legislador quis afastar a responsabilidade daqueles que, sendo administradores de direito, não o são de facto, com o fundamento de que não agem com culpa, nem lhes pode ser imputável a falta de pagamento das dívidas tributárias[10], naquele que nos parece constituir um importante e generalizado equívoco interpretativo deste artigo.

Na verdade, o corpo do nº 1 do artigo 24º divide literalmente os responsáveis subsidiários em dois grupos distintos: num primeiro momento, abrange "[o]s administradores, directores e gerentes", pelo mero facto de o serem, o que se justifica pelo facto de sobre eles impender, nessa quali-

[8] Cfr. Pedro Sousa e Silva, "A Responsabilidade Tributária dos Administradores e Gerentes na Lei Geral Tributária e no Novo CPPT", in *Revista da Ordem dos Advogados*, ano 60, Lisboa, dezembro 2000, 1445-1457, pág. 1446; Sofia de Vasconcelos Casimiro, *A Responsabilidade dos Gerentes, Administradores e Directores pelas Dívidas Tributárias das Sociedades Comerciais*, Almedina, Coimbra, 2000, pág. 100; Francisco Rothes, "Em torno da efectivação da responsabilidade dos gerentes – algumas notas motivadas por jurisprudência recente", in *I Congresso de Direito Fiscal*, Vida Económica, Porto, 2011, 43-66, pág. 53, Diogo Leite de Campos/Benjamim Silva Rodrigues/Jorge Lopes de Sousa, *Lei Geral Tributária. Anotada e Comentada*, 4ª ed., Encontro da Escrita, Lisboa, 2012, pp. 136 ss.; José Casalta Nabais, *Direito Fiscal*, 11ª ed., Almedina, Coimbra, 2019, pág. 273 ss..

[9] São várias as decisões dos tribunais superiores que o ilustram, como, recentemente, a do Tribunal Central Administrativo Sul, de 22 de Novembro de 2020 (Luísa Soares), in www.dgsi.pt: "O nº 1 do artigo 24º da LGT exige para responsabilização subsidiária a gerência efectiva ou de facto, ou seja, o efectivo exercício de funções de gerência, não se satisfazendo com a mera gerência nominal ou de direito".

[10] Pedro Panzina, "A Responsabilidade subsidiária tributária", in *Revista Fiscal*, Uniarte Gráfica – Porto, Maio de 2007, 7-18, pág.13.

dade, o dever de fazer a sociedade cumprir as suas obrigações tributárias; num segundo momento, o texto legal estende essa responsabilidade também (sem excluir os primeiros, o que resulta do emprego da locução "e") a "outras pessoas que exerçam, ainda que somente de facto, funções de administração ou gestão em pessoas colectivas"[11].

Ora, numa tentativa de desresponsabilização de todos aqueles que, assumindo formalmente as funções de administração, não as exercem materialmente (em clara violação dos seus deveres), distorce-se a letra da lei de modo a sujeitar ao requisito de que "exerçam, ainda que somente de facto, funções de administração ou gestão" os próprios administradores, directores e gerentes de direito, como se literalmente existisse uma vírgula a separar "[o]s administradores, directores e gerentes e outras pessoas" do resto da frase. Assim, equiparam-se todos estes sujeitos, para o efeito de sujeitar a respectiva responsabilidade, independentemente da sua qualidade, ao requisito de que exerçam de facto as funções de administração naquela pessoa colectiva.

Naturalmente, esta construção leva a decisões curiosas, como foi nomeadamente a do TCAN, em acórdão de 15 de Julho de 2004, no processo 00087/04[12] e num contexto de negação da responsabilidade do gerente ou administrador de direito que não exerça as suas funções de facto, ou seja, negando-se a responsabilidade do administrador ou gerente meramente nominal: considerou-se abrangido no leque de pessoas responsáveis um gerente de direito que tinha outorgado procuração a terceiro "para o exercício da gerência de facto" (procuração relativamente a cuja validade se podem colocar, desde logo, fundadas dúvidas). É o seguinte o sumário deste acórdão: "1. O gerente de direito que outorga procuração a terceiro para o exercício da gerência de facto de uma sociedade, porque os actos praticados pelo mandatário se reflectem na esfera jurídica do mandante, continua a ser responsável subsidiário pelas dívidas dessa sociedade nos

[11] Com entendimento muito próximo, cfr. Paulo Marques, "A (ir) responsabilidade dos Gerentes de Direito pelas Dívidas Tributárias", in *Revista de Direito das Sociedades*, ano V (2013), 1-2, 283-302, pp. 292 ss.; *idem*, "A responsabilidade tributária subsidiária dos gerentes e a repartição interna de tarefas na sociedade comercial. Comentário ao acórdão do Tribunal Central Administrativo Sul, de 19 de Novembro de 2015 (Processo nº 05690/12), Secção de Contencioso Tributário (Relatora: Desembargadora Cristina Flora)", in *Revista de Finanças Públicas e Direito Fiscal*, Vol. 8, No. 4 (2015), 299-310, pp. 300 ss..

[12] Disponível in www.dgsi.pt.

termos do artigo 13º do CPT. 2. E não se diga que o mandatário já responde pelas mesmas dívidas, pois sendo embora certo que o mero gerente de facto pode também ser responsável subsidiário ao abrigo de tal norma, a verdade é que outro entendimento conduziria a que qualquer gerente de direito se poderia eximir, por acto voluntário e unilateral, à referida responsabilidade mediante a outorga de procuração a terceiro para o exercício das funções de administração ou gerência. 3. No caso dos autos, sendo os oponentes gerentes de direito da executada e tendo outorgado poderes a terceiros para o exercício da gerência de facto daquela, continuam sujeitos à responsabilidade subsidiária prevista no artigo 13º do CPT, pois que os actos praticados por estes é como se por aqueles fossem praticados". Resumindo, entendeu-se aqui que um gerente meramente nominal não pode ser responsabilizado, por não ser também gerente de facto, a menos que tenha outorgado por procuração poderes a terceiro para exercer a gerência de facto (repete-se, de validade duvidosa), uma vez que nesse caso a existência deste instrumento leva à produção dos efeitos dos actos praticados pelo gerente de facto na esfera jurídica do gerente meramente nominal; fica por explicar, entre outras coisas, a que título responde este "gerente de facto" pelas mesmas dívidas, se os efeitos dos actos por si praticados se produzem, então, na esfera jurídica do gerente meramente nominal mandante.

Pois bem, tendo em conta que, nas palavras de Rui Duarte Morais, "[o] ilícito cometido pelos gestores é, pois, constituído pela conduta (por ação ou omissão, pouco importa) de não afetarem as disponibilidades de tesouraria da sociedade ao pagamento das dívidas de imposto vencidas"[13], e que sobre os gerentes ou administradores de direito impende inequivocamente o dever de administrar, com a diligência de um gestor criterioso e ordenado, a sociedade – nomeadamente cumprindo as obrigações desta, entre as quais o pagamento das dívidas de imposto vencidas – , não restarão dúvidas, a nosso ver, de que também estes sujeitos cometeram o ilícito previsto no artigo 24º da LGT, por omissão. Assim, apurando-se a responsabilidade dos administradores de facto de uma sociedade comercial neste âmbito, deverá reconhecer-se ainda a respon-

[13] Rui Duarte Morais, "Insolvência da sociedade e responsabilidade fiscal dos seus administradores – algumas questões", in *Revista Electrónica de Fiscalidade da AFP*, 2019, Ano I – Nº 2, 1-19, pág. 5.

sabilidade solidária dos administradores de direito da mesma pessoa colectiva[14].

Neste sentido tem evoluído consistentemente a jurisprudência dos tribunais superiores alemães em matéria de responsabilidade fiscal e penal[15], cumprindo salientar que na fundamentação do acórdão do *Bundesgerichtshof* de 13 de Outubro de 2016 se esclareceu que impende sobre um gerente ou administrador de direito afastado, de facto, da administração da sociedade, mesmo contra a sua vontade, procurar assistência jurídica de modo a exercer efectivamente as suas funções ou, caso não o consiga, renunciar ao cargo[16]. Também em Itália a jurisprudência tem seguido o mesmo caminho, embora considerando que o responsável é o administrador de facto, mas afirmando a responsabilidade do *prestanome* com base na sua situação de garante, pessoa a quem cabe "conservar o património social e impedir que se produzam danos para a sociedade e para terceiros"[17].

[14] Jorge Manuel Coutinho de Abreu, *Responsabilidade dos Administradores de Sociedades*, Cadernos do IDET nº 5, 2ª ed., Almedina, Coimbra, 2010, pp. 108 ss., nota precisamente que é surpreendente o entendimento de que os administradores tão-só nominais não estejam abrangidos pelo regime da responsabilidade tributária dos administradores: "[c]omo não responsabilizar administradores que violam sistematicamente os seus deveres legais gerais (art. 64º, 1, do CSC, art. 32º da LGT)?"; e acrescenta que os administradores somente de direito devem, verificando que os administradores que o são também de facto não querem pagar os impostos devidos, pagá-los eles, em nome da sociedade.

[15] Especificamente em matéria de responsabilidade pelo incumprimento das obrigações contributivas para o sistema previdencial de segurança social, cfr. a decisão de OLG Celle, de 10.05.2017, in https://openjur.de/u/2206150.html.

[16] Para uma análise da jurisprudência mais recente, em termos de responsabilidade no âmbito fiscal, cfr. Gloria Versin, "Sozialversicherungsrechtliche Haftungsrisiken des GmbH-Geschäftsführers", in *GmbHR* 2020, 132-139, pp. 132 ss..

[17] Cita-se a recente decisão da *Cassazione Penale*, n. 35158, de 22.09.2020-10.12.2020, Sez. 3, in https://www.ordineavvocatinapoli.it/wp-content/uploads/2021/03/Cassazione-Penale-n.-35158-del-22.09.2020-10.12.2020-Sez.-3-Concorso-di-persone-Reato-proprio-Amministratore-di-fatto-e-di-diritto.pdf. É o seguinte o texto original: "[c]onseguentemente in base ai principi esposti, il vero soggetto qualificato (e responsabile) non è il prestanome ma colui il quale effettivamente gestisce la società perché solo lui è in condizione di compiere l'azione dovuta (la presentazione della dichiarazione) mentre l'estraneo è il prestanome. A quest'ultimo una corresponsabilità può essere imputata solo in base alla posizione di garanzia di cui all'art. 2392 c.c., in forza della quale l'amministratore deve conservare il patrimonio sociale ed impedire che si verifichino danni per la società e per i terzi. Nelle occasioni in cui questa Corte si è occupata di reati, anche omissivi, commessi in nome e per conto della società, ha individuato nell'amministratore di fatto il soggetto attivo del reato e nel prestanome il concorrente per non avere impedito l'evento che in base alla norma citata aveva

3. O regime insolvencial

Nos artigos 186º e 189º do Código da Insolvência e da Recuperação de Empresas admite-se expressamente a qualificação da insolvência como culposa devido à actuação dos administradores de direito ou de facto[18] e, sobretudo, determina-se a responsabilização cumulativa e solidária destes administradores[19], não sendo possível retirar-se da letra da lei a possibilidade de não responsabilizar um administrador de direito devido ao facto de ele não ter exercido efectivamente as respectivas funções e não ter sido, portanto, o autor do acto ou omissão em causa[20].

il dovere di impedire [...]. Proprio perché il più delle volte il prestanome non ha alcun potere d'ingerenza nella gestione della società per addebitargli il concorso, questa Corte ha fatto ricorso alla figura del dolo eventuale; il prestanome accettando la carica ha anche accettato i rischi connessi a tale carica". Remete-se portanto, aqui, para o regime da responsabilidade dos administradores no domínio jus-societário, uma vez que nos termos do referido artigo 2392 c.c. os administradores respondem para com a sociedade pelos danos causados pela inobservância dos deveres que sobre eles recaem, respondendo ainda quando, tendo conhecimento de factos danosos, não os tenham impedido ou não tenham agido no sentido de eliminar ou atenuar os danos deles advenientes. Em matéria de responsabilidade por sanções administrativas de natureza pecuniária, resultantes da repetida violação de normas laborais no âmbito de uma cooperativa, veja-se ainda a sentença n. 949/2020, do *Tribunale Ordinario di Modena – Prima Sezione Civile*, de 10 de Setembro de 2020, disponível in https://www.lexced.com/prestanome-amministratore-di-una-societa/. Também aqui se decidiu que, ainda que a qualidade de administrador formal "não implique um automático juízo de culpa por violações levadas a cabo por outrem", é pacífico que, perante uma investidura formal, impende sobre um administrador um conjunto de deveres, entre o quais o de gerir a cooperativa e de vigiar quem de facto leve a cabo essa atividade.

[18] É o seguinte o teor do nº 1 do artigo 186º do CIRE: "A insolvência é culposa quando a situação tiver sido criada ou agravada em consequência da actuação, dolosa ou com culpa grave, do devedor, ou dos seus administradores, de direito ou de facto, nos três anos anteriores ao início do processo de insolvência".

[19] Nos termos do disposto na alínea a) do nº 2 do artigo 189º, o juiz deve, na sentença que qualifique a insolvência como culposa, "[i]dentificar as pessoas, nomeadamente administradores, de direito ou de facto, técnicos oficiais de contas e revisores oficiais de contas, afetadas pela qualificação, fixando, sendo o caso, o respetivo grau de culpa"; na alínea e) do mesmo preceito legal determina-se que o juiz ainda deve "condenar as pessoas afetadas a indemnizarem os credores do devedor declarado insolvente até ao montante máximo dos créditos não satisfeitos, considerando as forças dos respetivos patrimónios, sendo tal responsabilidade solidária entre todos os afetados" (na redacção dada pela Lei nº 9/2022, de 11 de Janeiro).

[20] Cfr. Catarina Serra, *Lições de Direito da Insolvência*, 2ª ed., Almedina, Coimbra, pág. 153; Alexandre de Soveral Martins, *Um Curso de Direito da Insolvência*, 2ª ed., Almedina, Coimbra, 2016, pág. 427.

Aliás, o mesmo resulta expressamente do recente acórdão do Tribunal da Relação do Porto, de 6 de Setembro de 2021 (Eugénia Cunha)[21], no qual pode ler-se que "[o] legislador jamais visou excluir a responsabilidade dos administradores de direito que não exerçam as funções de facto. Ao invés, com a previsão legal (arts. 186º e 189º, do CIRE), quis consagrar uma responsabilização abrangente, a incluir, para além dos administradores de direito, os administradores de facto, nos casos em que as funções de gerência não estão reunidas na pessoa daquele"[22]. A razão para este entendimento generalizado no âmbito da insolvência é sintetizada no acórdão do Tribunal da Relação do Porto, de 22 de Outubro de 2019 (Vieira e Cunha)[23]: "[a] ignorância e o alheamento dos destinos da sociedade constituem, por si só, uma violação dos deveres gerais que se impunham ao gerente da insolvente (artº 64º nº1 CSCom), pelo que a invocação de que, como gerente de direito, a Requerida estava afastada do dia-a-dia da sociedade, não a dispensava dos seus deveres para com a sociedade".

[21] Disponível in www.dgsi.pt.

[22] Mas o mesmo entendimento já resulta também de várias outras decisões dos nossos tribunais superiores, como o acórdão do TRP, de 19 de Novembro de 2020 (Freitas Vieira), o acórdão do TRG, de 5 de março de 2020 (Rosália Cunha), o acórdão do TRP, de 05 de Março de 2018, (Jorge Miguel Seabra), o acórdão do TRC, de 14 de Abril de 2015 (Anabela Luna de Carvalho), o acórdão do TRC, de 21 de Janeiro de 2014 (Moreira do Carmo) e ainda o acórdão do TRC, de 11 de Dezembro de 2012 (Albertina Pedroso), todos disponíveis em www.dgsi.pt. Neste último acórdão, pode ler-se o seguinte: "Pensamos que, com esta previsão o legislador não visa excluir os administradores de direito que não exerçam as funções de facto [...] mas, ao invés, veio estender a qualificação a actos praticados por administradores de facto. Assim, por via desta importante previsão, a qualificação abrange quer os administradores de direito, ou seja, os administradores legalmente designados constantes do contrato de sociedade e do registo comercial; e os administradores de facto, entendidos estes como as pessoas que praticam actos de administração sem que se encontrem legalmente nomeados como titulares do cargo que exercem. [...] De facto, os administradores da sociedade devem observar os deveres fundamentais previstos no artigo 64º do CSC, são responsáveis perante a sociedade nos termos previstos no artigo 72º, mormente quando não tenham exercido o direito de oposição conferido na lei, e tal responsabilidade não pode ser excluída por cláusula em contrário do contrato que, se ali foi inserta, é nula por força do disposto no artigo 74º do referido diploma legal". E, no acórdão elencado antes deste, esclarece-se que "[e]stando a gerente de direito envolvida no giro e funcionamento comercial da insolvente, ainda que em menor grau que o gerente de facto, não fica a mesma desvinculada dos deveres de acompanhar e controlar a condução da atividade da sociedade e de se informar sobre a sua situação, sendo por isso responsável pelo quadro circunstancial apurado que preenche as previsões legais estabelecidas no art. 186º, nº 2, a), h), e i), e nº 3, a), do CIRE".

[23] Também acessível em www.dgsi.pt.

Na doutrina espanhola mais recente[24], PERTÍÑEZ VÍLCHEZ, embora afirmando sem reservas a possível existência, nesta sede, de responsabilidade do administrador de direito quando exista um administrador de facto, nota com pertinência que, a considerar-se que a responsabilidade insolvencial tem natureza sancionatória, a sua imputação a cada um dos administradores – de direito ou de facto – deve assentar "numa apreciação individualizada da conduta de cada um deles, sendo de excluir uma imputação genérica de responsabilidade a todos os administradores"[25], identificando para o efeito distintos grupos de situações[26]. Como veremos, esta nota de que as situa-

[24] Na qual é entendimento pacífico que a identificação de um administrador de facto como afectado pela qualificação da insolvência como culposa não exclui que também o(s) administrador(es) de direito seja(m) afectado(s). Cfr. JOSÉ ANTONIO GARCÍA-CRUCES, "Artículo 165", in Ángel Rojo/Emilio Beltrán, *Comentario de la Ley Concursal*. Tomo II, Thomson-Civitas, Madrid, 2004, pág. 2534.

[25] FRANCISCO PERTÍÑEZ VÍLCHEZ, "El Administrador de Hecho y la Responsabilidad Concursal del Art. 172.3 LC: Un Concepto Difuso en un Régimen Confuso", trabalho vencedor da *III Convocatoria Cátedra José María Cervelló*, 2009, 1-80, disponível in https://catedracervello.ie.edu/wp-content/uploads/sites/124/2013/11/TRABAJO-GANADOR-TERCERA-CONVOCATORIA.pdf , pp. 66 ss.. Mas o Autor salienta que o administrador de direito não será abrangido pela qualificação, por não existir culpa grave omissiva da sua parte, sempre que ele pudesse validamente desconhecer o acto em causa.

[26] Em primeiro lugar, considera as situações nas quais o administrador de direito está totalmente alheado da administração da sociedade. Nestas, separa os casos de qualificação da insolvência com base na cláusula geral agora constante no artigo 442 da *Ley Concursal* (e com redação próxima da do artigo 186º, nº 1, do CIRE) daqueles que agora se enumeram nos artigos 442 e 443 da *Ley Concursal* (respectivamente, casos especiais e presunções de culpa, próximos das presunções de insolvência culposa e das presunções de culpa grave estabelecidas nos nºs 2 e 3 do artigo 186º do CIRE). No primeiro grupo de casos, se o administrador de direito ignora ou não intervém perante uma conduta gravemente negligente ou dolosa de um administrador de facto, a sua responsabilidade assenta numa omissão gravemente culposa do "dever de controlar o andamento dos assuntos da sociedade" – pelo que, defende, deve ser condenado a responder, embora em medida inferior àquela em que seja condenado o administrador de facto. E defende que o mesmo deve verificar-se nos restantes casos de qualificação em que se exija uma conduta dolosa, como vários daqueles em que se estabelece uma presunção inilidível de insolvência culposa. Distinta destas situações é aquela em que o administrador de direito actua como administrador, interna ou externamente, mas obedecendo às instruções de um administrador de facto oculto. Aqui, defende o Autor que a criação ou agravamento da situação de insolvência é geralmente imputável, na mesma medida, a ambos. Finalmente, nos casos em que a qualificação assente no incumprimento de deveres específicos impostos por lei ou pelos estatutos aos administradores (no sentido de omissão da adopção de uma conduta legal ou estatutariamente imposta, como é o caso daqueles a que respeitam as presunções relativas de culpa grave, nomeadamente o dever de apresentar a sociedade à insolvência no

ções em que possa estar em causa a responsabilidade do administrador de direito na insolvência culposa podem ser distintas e reclamar diferente tratamento, consoante o facto que origina o dano, será útil também quando se tratar de analisar a responsabilidade extracontratual dos administradores de direito que não o são de facto no âmbito societário.

4. O Código das Sociedades Comerciais e a responsabilidade dos administradores meramente nominais pelos actos praticados pelo administrador de facto

No estrito domínio jus-societário em matéria de responsabilidade dos administradores por actos ou omissões praticados por administrador de facto, RICARDO COSTA já defendia em 2006 que, havendo um administrador de direito que não se ocupou da gestão societária, a responsabilidade será solidária: responsabilidade por omissão ilícita, "precipitada inequivocamente em várias disposições (arts. 6º, nº 5, 72º, nºs 1 e 4, 78º, nº 3, 81º, nº 2, 83º, nº 4, 504º, nº 3, para além do art. 486º do CCiv.)", porque "se demitiu em absoluto da gestão social e a entregou, ainda que por afastamento da vida da sociedade, ao administrador de facto; nesta circunstância, o exercício de poderes que consentiu ou tolerou, e o sucessivo comportamento danoso do administrador de facto representam a infracção do dever de controlar a gestão efectiva, mesmo se levada a cabo por quem não está legitimamente investido para o efeito (tal como, *a pari*, há responsabilidade dos administradores da sociedade anónima pelo desrespeito do dever de vigilância geral da actuação do ou dos administradores delegados ou da comissão executiva: v. art. 407º, nº 5, 2ª parte)"[27].

Em 2009, escrevíamos que "a discussão em torno da responsabilidade do gerente de facto não afasta a responsabilidade do próprio 'gerente-de--palha', sujeito às mesmas obrigações que impendem sobre um gerente 'verdadeiro'"[28].

prazo legal), o administrador de direito será solidariamente responsável com o administrador de facto por ter aceitado a nomeação e se manter nessa qualidade, não devendo poder afastar essa responsabilidade com base no desconhecimento desses deveres ou no não exercício das suas funções.

[27] RICARDO COSTA, "Responsabilidade civil societária dos administradores de facto", in *Temas Societários. Colóquios*, Cadernos do IDET nº 2 , Almedina, Coimbra, 2006, 27-43, pp. 33 e ss., nota 9.

[28] MARIA DE FÁTIMA RIBEIRO, *A Tutela dos Credores da Sociedade por Quotas e a "Desconsideração da Personalidade Jurídica"*, Almedina, Coimbra, 2009, pág, 467, nota 155, remetendo para

E, nos nossos dias, JORGE M. COUTINHO DE ABREU/ALEXANDRE SOVERAL MARTINS/CAROLINA CUNHA/RUI PEREIRA DIAS afirmam que, "[f]requentemente, todos os sócios são designados gerentes nos estatutos. Mesmo quando se sabe à partida que alguns deles (com outras profissões) não vão exercer, de facto, a gerência (apesar de às vezes serem remunerados enquanto gerentes). O que, além de disfuncional, pode acarretar consequências inesperadas em matéria de responsabilidade: alguém que aceita ser gerente (ainda que não executivo) tem deveres cujo incumprimento pode levar à responsabilização (civil, tributária)"[29].

Mas cabe enquadrar e fundamentar juridicamente com precisão essa responsabilidade dos administradores de direito. Para o efeito, deve desde logo esclarecer-se que estamos perante responsabilidade por omissão (uma vez que, se se trata de administrador de facto oculto e o administrador de direito efectivamente actua no exercício das suas funções, mas obedecendo às instruções do administrador oculto, existe da sua parte inequivocamente violação dos deveres de cuidado e de lealdade e, portanto, responsabilidade); e que, nesse âmbito, cumpre determinar se a situação em apreço é subsumível ao domínio da responsabilidade contratual ou da responsabilidade extracontratual – o que vai determinar uma distinta abordagem do problema.

No Código das Sociedades Comerciais, os administradores podem ser responsáveis perante a sociedade e/ou perante terceiros, nomeadamente

FRANCO BONELLI, *La Responsabilità degli Amministratori di Società per Azioni, Giuffrè*, Milano, 1992, pp. 130 e ss. e ÁNGEL GARCÍA VIDAL, *Las Instrucciones de la Junta General a los Administradores de la Sociedad de Responsabilidad Limitada*, Aranzadi, Navarra, 2006, pp. 135 e ss.. No direito alemão, a responsabilidade civil do *Strohmanngeschäftsführer* é geralmente aceite, sobretudo com base na violação, por parte do gerente ou administrador de direito que não exerce de facto as funções a que está obrigado, de normas de protecção de terceiros. Assim, por exemplo, essa responsabilidade pode assentar na violação do §41 da GmbHG, que determina que o gerente está obrigado, nomeadamente, a assegurar a existência de contabilidade organizada, ou do seu revogado §64, que estabelecia o dever de apresentação à insolvência (agora previsto no §15a da InsO). Cfr. MATHIAS SIEGMANN/JOACHIM VOGEL, "Die Verantwortlichkeit des Strohmanngeschäftsführers einer GmbH. Eine Besprechung des Urteils des Bundesgerichtshofs vom 13. April 1994, ZIP 1994, 867", in *ZIP*, 1994, 1821-1829, pp. 1821 e ss..

[29] JORGE M. COUTINHO DE ABREU/ALEXANDRE SOVERAL MARTINS/CAROLINA CUNHA/RUI PEREIRA DIAS, *Guia de Boas Práticas nas PME – Sociedades por Quotas*, Instituto Jurídico – Faculdade de Direito da Universidade de Coimbra, Julho 2021, in https://estudogeral.sib.uc.pt/bitstream/10316/95763/1/guia_miolo%20%28digital%29.pdf, pp. 41 e 42.

os credores sociais. E a tutela destes últimos pode ser assegurada por duas vias distintas, como se passa a expor sinteticamente.

Nos termos do disposto nos seus artigos 72º e seguintes, os administradores respondem perante a sociedade pelos danos que lhe tenha causado uma sua actuação ilícita (por acção ou omissão), presumindo-se neste caso a sua culpa (respondem, "salvo se provarem que procederam sem culpa", pode ler-se na parte final do nº 1 deste artigo)[30]. Na inércia da sociedade, ou tendo ela expressamente decidido não recorrer a esta acção social de responsabilidade (através de uma deliberação social com esse teor, ou através do decurso do prazo estabelecido na lei para a sua propositura, caso tenha havido deliberação social através da qual a sociedade tenha decidido a responsabilização dos administradores[31]), e desde que também os sócios não tenham exercido o direito de indemnização de que a sociedade seja titular (possibilidade que decorre do disposto no artigo 77º CSC, de um ou vários sócios que possuam, pelo menos, 5% do capital social, ou 2% no caso de sociedade emitente de acções admitidas à negociação em mercado regulamentado, desde que a sociedade não haja solicitado aos administradores a reparação do prejuízo sofrido[32]), poderão os credores sociais sub-rogar-se à sociedade, nos termos do disposto no artigo 78º, nº 2, CSC, preceito que remete para as normas que, no Código Civil, regulam o meio de conservação da garantia patrimonial que constitui a sub-rogação. Pela acção sub-rogatória dos credores sociais, estes poderão então exercer o direito de indeminização de que a sociedades seja titular, satisfazendo os seus créditos através da execução dos patrimónios da sociedade, no qual a referida indemnização ingressa.

No exercício desta acção sub-rogatória estão os credores sociais sujeitos ao ónus de provar todos os requisitos de que a lei faz depender a responsabilidade dos administradores perante a sociedade, à excepção da culpa, que como vimos se presume. Estamos aqui no âmbito da responsabilidade contratual de gerentes e administradores.

[30] Para a análise da acção social de responsabilidade, cfr. MARIA DE FÁTIMA RIBEIRO, *A Tutela dos Credores da Sociedade por Quotas e a "Desconsideração da Personalidade Jurídica"*, cit., pp. 598 ss..

[31] Cfr. o disposto no artigo 75º, nº 1, do CSC.

[32] Sobre esta acção, cfr. MARIA DE FÁTIMA RIBEIRO, "A função da acção social 'ut singuli' e a sua subsidiariedade", in *Direito das Sociedades em Revista*, ano 3, volume 6, 2011, 155-188, *passim*.

Outra via que podem percorrer os credores sociais para tutela dos seus interesses é, em certos casos, a acção directa de responsabilidade dos administradores, prevista no artigo 78º, nº 1, CSC. Esta possibilidade apenas existe quando tenha sido violada pelos administradores norma legal ou disposição contratual que possa ser qualificada como de protecção dos credores sociais, e se os credores provarem que em consequência dessa violação a sociedade se tornou insuficiente para a satisfação dos seus créditos. Cabe notar que as normas legais de protecção dos credores sociais serão todas aquelas que, "embora não confiram direitos subjectivos aos credores sociais, visam a defesa de interesses (só ou também) deles"[33]. Neste âmbito cabem naturalmente todas as normas que, directa o indirectamente, visam a conservação do património social, como aquelas que delimitam a capacidade jurídica da sociedade, as que são expressão do chamado princípio da intangibilidade do capital social, ou as que estabelecem o regime da reserva legal e da aquisição de acções próprias; serão então exemplo de preceitos que consagram normas de protecção dos credores sociais os artigos 6º, 31º a 34º, 218º, 295º, 296º, 316º, nº 1, 317º, nº 2, 323º do CSC. Mas a identificação de normas de protecção dos credores sociais não está limitada aos preceitos do CSC: ilustra o que se acabou de dizer o facto de ser de entender que as normas que, no CIRE, estabelecem o dever de apresentação da sociedade à insolvência num determinado prazo serem inequivocamente normas de protecção do credores sociais.

Aqui não existe presunção legal de culpa, pelo que ainda deverão os credores sociais fazer a prova de que a referida violação foi culposa[34]. Agora, estamos no âmbito da responsabilidade extracontratual de gerentes e administradores.

a) o âmbito da responsabilidade contratual

Se estivermos no âmbito da responsabilidade contratual dos administradores, encontramos no Código das Sociedades Comerciais o fundamento legal da responsabilização daquele que não exerce as funções de administração, embora formalmente seja gerente ou administrador. Essencialmente,

[33] Cfr. Jorge Manuel Coutinho de Abreu, *Responsabilidade Civil dos Administradores de Sociedades*, cit., pp. 72 ss..

[34] Sobre esta acção directa dos credores sociais, cfr. Maria de Fátima Ribeiro, *A Tutela dos Credores da Sociedade por Quotas e a "Desconsideração da Personalidade Jurídica"*, cit., pp. 457 ss..

essa responsabilidade decorre directamente da aplicação do disposto nos artigos 64º e 72º e seguintes, que estabelecem, respectivamente, os deveres dos administradores e a responsabilidade pelo seu incumprimento: aquele que se vincula contratualmente a administrar uma sociedade e não o faz viola os deveres que sobre ele impendem, respondendo perante a sociedade pelos danos causados pelo seu incumprimento contratual. A isto acresce que no artigo 73º do CSC se prescreve que a responsabilidade de todos os gerentes ou administradores é solidária, e que se presumem iguais as suas culpas no âmbito da determinação de um eventual direito de regresso (que existe na medida das respectivas culpas e das consequências que delas advierem, ainda nos termos do referido preceito). Então, considerando-se que existe responsabilidade dos administradores de direito e dos administradores de facto, ela será solidária, importando o respectivo grau de culpa apenas nas relações internas.

Se está em causa uma omissão ilícita do administrador de facto, o administrador de direito responde pelo incumprimento do dever de administrar, que decorre expressamente do artigo 64º CSC, e que deve ser exercido nos termos aí definidos, com observância, nomeadamente, do dever de cuidado, nos termos de um gestor criterioso e ordenado.

Assim, sempre que ao gerente ou administrador fosse legal ou estatutariamente exigível uma determinada acção e ela não tivesse tido lugar, o gerente ou administrador responderá por omissão própria. Na verdade, o facto de existir um gerente ou administrador de facto não leva nem pode levar a que não seja exigível ao gerente ou administrador de direito o cumprimento daquele dever – tal omissão consubstanciará sempre um ilícito.

Diversa é a situação em que o gerente ou administrador de facto pratica, na gestão da sociedade, acto ilícito, culposo e causador de danos à sociedade e/ou a terceiros, sem a intervenção do gerente ou administrador de direito. Neste caso, não estamos perante a omissão do dever de o administrador de direito praticar determinado acto, mas estaremos quase sempre perante a violação do dever de cuidado, expressamente consagrado no artigo 64º do CSC, concretizado para o que aqui importa num dever de vigilância e monitorização da actuação daqueles que integram o órgão de administração e/ou daqueles que assumem de facto essas funções[35].

[35] Sobre este dever de vigilância, cfr. J. M. Coutinho de Abreu, "Responsabilidade civil de gerentes e administradores em Portugal", in *Questões de Direito Societário em Portugal e no Brasil*

Mas ainda se pode considerar a possibilidade de encontrar lugar paralelo para esta responsabilidade na norma que estabelece o regime de responsabilidade na delegação de poderes[36]: ao administrador de direito caberia, assim, acompanhar e vigiar a actuação dos administradores de facto, devendo intervir ou fazer intervir o conselho de administração sempre que essa actuação fosse apta a causar danos à sociedade.

Na verdade, pode entender-se que a responsabilidade dos administradores de direito encontra nestes casos lugar paralelo no artigo 407º, nº 8, para os administradores das sociedades anónimas: em caso de delegação de poderes, cabe a cada um dos administradores não executivos vigiar genericamente a actividade do ou dos administradores-delegados, ou da comissão executiva; e, se for necessário, provocar a intervenção do conselho de administração para tomar as medidas adequadas a evitar que aqueles, através dos seus actos ou omissões, causem prejuízos à sociedade. Não o fazendo, incorrem em responsabilidade, ainda como previsto no nº 8 do artigo 407º[37]. Note-se que, embora a lei não admita a um administrador, nas sociedades anónimas, a delegação total das suas funções, permite que ele possa delegar a gestão corrente da sociedade, embora com o dever de vigilância geral da actuação dos delegados.

(coord. Fábio Ulhoa Coelho/Maria de Fátima Ribeiro), Almedina, Coimbra, 2012, 131-137, pp. 133 ss., e, recentemente, Nuno Manuel Pinto Oliveira, *Responsabilidade Civil dos Administradores: Entre Direito Civil, Direito das Sociedades e Direito da Insolvência*, Coimbra Editora, Coimbra, 2015, pp. 58 ss..

[36] Considerada a unidade do sistema jurídico, ainda pode atender-se à *ratio* da norma que estabelece a responsabilidade do sócio controlador estabelecida no artigo 83º, nºs 1 a 3: embora naturalmente se trate aqui de responsabilidade de sócio (e de sócio que possa ser qualificado como controlador), é facto que se consagra a responsabilidade solidária (com a do administrador) de alguém que, não sendo administrado, escolheu com culpa aquele que o é. Se esta responsabilidade está expressamente consagrada quando se trata de sócio, sobre o qual não impendem os deveres de cuidado e de lealdade nos mesmos termos em que impendem sobre os administradores, por maioria de razão deve ser responsabilizado aquele que, tendo o dever de administrar, se abstém de o fazer, entregando os destinos da sociedade a um terceiro que vem a actuar ilicitamente, de modo a causar culposamente danos à sociedade que o primeiro tem o dever de administrar.

[37] Salienta Alexandre Soveral Martins, *Administradores Delegados e Comissões Executivas. Algumas Considerações*, 2ª ed., Almedina, Coimbra, 2011, pág. 87, que será necessário que o incumprimento do dever de vigilância geral tenha sido, também, causa do dano, para a responsabilização dos administradores não executivos com esse fundamento.

Transpondo esta solução para o problema de que nos ocupamos, devemos então admitir que o administrador de direito verá a sua responsabilidade limitada ao valor dos danos cuja produção a sua intervenção tivesse podido evitar.

Já para os gerentes das sociedades por quotas esta via de responsabilização de administradores não pode constituir lugar paralelo: os gerentes não podem transmitir ou delegar o exercício de todas funções em que se traduz a gestão corrente da sociedade, como resulta do disposto nos artigos 252º, nº 4, e 261º, nº 2, do CSC. Apenas lhes é permitido que "deleguem nalgum ou nalguns deles competência para determinados negócios ou espécie de negócio, mas, mesmo nesses negócios, os gerentes delegados só vinculam a sociedade se a delegação lhes atribuir expressamente tal poder". Logo, não sendo possível a delegação da gestão corrente da sociedade por quotas, não fará tanto sentido estabelecer como lugar paralelo da responsabilidade dos gerentes de direito pelos actos ou omissões dos gerentes de facto as regras que regulam a delegação de poderes. Aqui, a responsabilidade assenta essencialmente na omissão do dever de administrar, tal como consagrado no artigo 64º do CSC – dever esse que, como se viu, implica também a existência de um dever de garante, aqui com o sentido de dever de impedir que pessoas que não são gerentes de direito assumam as funções de administração da sociedade, sem que os gerentes de direito os impeçam de o fazer. Deste modo, não parece ser também de aceitar a possibilidade de limitar a responsabilidade do gerente de direito ao valor dos danos cuja produção a sua intervenção tivesse podido evitar.

b) o âmbito da responsabilidade extracontratual

Mas pode ainda haver responsabilidade extracontratual do administrador de facto: consideremos, nomeadamente, a responsabilidade expressamente consagrada no artigo 78º, nº 1, do CSC, na já referida acção directa dos credores sociais. Recorda-se que esta possibilidade se restringe às situações em que tenha sido violada pelos administradores norma legal ou disposição contratual que possa ser qualificada como de protecção dos credores sociais, e em que estes credores façam prova de que em consequência dessa violação o património da sociedade se tornou insuficiente para a satisfação dos seus créditos.

Aqui, portanto, decorre do artigo 78º, nº 1, do CSC a responsabilidade extracontratual dos administradores de facto (quer o sejam nominalmente e de facto quer apenas de facto) perante os credores da sociedade. Mas cabe apurar qual será, nestes casos, o fundamento da responsabilidade extracontratual dos administradores meramente nominais perante esses credores.

Pois bem, estaremos aqui no domínio da responsabilidade extracontratual por omissão. E essa responsabilidade apenas pode ter dois fundamentos.

Em primeiro lugar, ela poderá decorrer do disposto no artigo 486º do Código Civil: as simples omissões apenas darão lugar à obrigação de reparar os danos quando exista, por força da lei ou de negócio jurídico, o dever de praticar o acto omitido. Este artigo estabelece expressamente um desvio à regra em matéria de responsabilidade extracontratual, pois neste âmbito a generalidade dos factos voluntários susceptíveis de gerar responsabilidade do agente traduzem-se em acções[38], dado não existir relação directa entre o lesante e o lesado – por isso, o campo de eleição na aplicação do disposto no artigo 483º do CC é o da violação de direitos absolutos. Com este fundamento, a responsabilidade por omissão está então dependente da existência de um dever de agir, estabelecido na lei ou em negócio jurídico – a própria existência desse dever leva a que à sua violação corresponda a violação dos direitos do beneficiário da acção, estando assim justificada a responsabilidade do agente[39]. O dever imposto por lei pode resultar de norma preceptiva, que impõe directamente uma determinada acção – e, aqui, "a ilicitude refere-se directamente à *omissão* (*omissão pura*)" – , ou de norma que indirectamente imponha a colaboração do agente na preven-

[38] Ao invés do que acontece no âmbito da responsabilidade contratual, estando-se aí, em regra, perante a violação de deveres de acção – deste modo, o ilícito, na responsabilidade contratual, tem essencialmente por base uma omissão. Na sua origem apenas estará uma acção quando sobre o agente impenda, nos termos do contrato, uma obrigação de *non facere*. Cfr. Mário Júlio de Almeida Costa, *Direito das Obrigações*, 12ª ed., Almedina, Coimbra, 2009, pp. 558 ss.; José Carlos Brandão Proença, *Lições de Cumprimento e Não Cumprimento das Obrigações*, 3ª ed., Universidade Católica Editora, Porto, 2019, pág. 290.

[39] Nas palavras de Filipe Albuquerque Matos, "Ilicitude extracontratual (umas breves notas)", in *Novos Olhares Sobre a Responsabilidade Civil*, Centro de Estudos Judiciários, Lisboa, 2019, in http://www.cej.mj.pt/cej/recursos/ebooks/civil/eb_ReponsCivil_2018.pdf, 9-37, pp. 35 ss., "admitir como norma a responsabilidade por omissões no universo extracontratual, representaria um rude golpe à liberdade de acção das pessoas, uma vez que perante o espectro de uma eventual responsabilização, os particulares, com toda a probabilidade, sentir-se-iam compelidos a agir, não fazendo com plena liberdade, gerando assim consequências desvantajosas para o comércio jurídico em geral".

ção de certo resultado, que é punido ou reprovado de outro modo na lei – e nestes casos "a ilicitude refere-se ao *valor, bem* ou *interesse jurídico tutelado (comissão por omissão)*"[40].

Mas existe um outro fundamento possível para a responsabilidade extracontratual por omissão: a ilicitude (de integração) fundada na não prevenção (ou no perigo) de um resultado danoso. No que respeita a este segundo fundamento, pode falar-se da existência de um dever jurídico de prevenção do perigo: um "dever jurídico, de acordo com a opinião geral do tráfico, no sentido de ordenar certas relações da vida de modo que se evitem, na medida do possível, os perigos para outrem"[41]. Este dever especial de agir não depende, porém, de uma "valoração global"[42], mas torna-se mais evidente em determinados grupos de situações. Especificamente, "a pessoa que cria, por sua iniciativa, uma fonte especial de perigo para terceiros deve tomar todas as providências razoavelmente exigíveis dele, com vista à prevenção da consumação desse risco"[43]. Então, aqui, a omissão só é geradora de responsabilidade nos casos em que "a abstenção da conduta apta a evitar o resultado se revele de gravidade equiparável, em termos de desvalor ético", a uma acção que cause aquele resultado proibido, o que existe apenas se sobre determinada pessoa recai um dever de garante, cabendo-lhe "obstar à verificação do resultado proibido"[44]. Atente-se, nesta sede, na formulação proposta por Vaz Serra, no âmbito do Anteprojecto, para o nº 3 do seu artigo 5º (com a epígrafe "Omissões"): "Se, na esfera de poder de alguém, se der uma situação produtora de riscos, que só essa pessoa pode fazer desaparecer, tem ela o dever de os eliminar"[45].

[40] Cfr. João de Matos Antunes Varela, *Das Obrigações em Geral*, I, 10ª ed., Almedina, Coimbra, 2000, pp. 551 ss. (itálicos no original).

[41] Adriano Paes da Silva Vaz Serra, "Obrigação de indemnização (Colocação. Fontes. Conceito e espécies de dano. Nexo causal. Extensão do dever de indemnizar. Espécies de indemnização). Direito de abstenção e de remoção", in *Boletim do Ministério da Justiça*, nº 84, 1959, 5-301, pág. 109.

[42] Cfr. Rui Paulo Coutinho de Mascarenhas Ataíde, ob. cit., pág. 604.

[43] Cfr. João de Matos Antunes Varela, *Das Obrigações em Geral*, I, cit., pág. 552. E ainda Rui Paulo Coutinho de Mascarenhas Ataíde, ob. cit., pp. 635 ss..

[44] Cfr. Rui Paulo Coutinho de Mascarenhas Ataíde, *Responsabilidade Civil por Violação de Deveres no Tráfego*, Almedina, Coimbra, 2015, pp. 602 ss..

[45] Cfr. Adriano Paes da Silva Vaz Serra, "Obrigação de indemnização (Colocação. Fontes. Conceito e espécies de dano. Nexo causal. Extensão do dever de indemnizar. Espécies de indemnização). Direito de abstenção e de remoção", cit., pág. 113.

E atente-se ainda na concretização que, já em 1959, o Autor nos apresenta: "o director de uma exploração independente ou de um negócio tem que ordená-los de maneira a evitar, no possível, os riscos para o próximo"[46].

Passemos à análise da responsabilidade extracontratual do administrador meramente nominal à luz destes dois fundamentos de responsabilidade extracontratual por omissão.

O dever de agir do administrador meramente nominal pode consistir num dever de praticar o acto especificamente imposto por lei ou pelos estatutos, acto esse que foi omitido pelo administrador de facto (como é o caso do cumprimento do dever de apresentação da sociedade à insolvência).

Mas também pode consistir num dever de actuação de modo a impedir a prática do facto ilícito, com a consequente produção do dano, por parte do administrador de facto. Aqui, a responsabilidade assenta no facto de os administradores de direito se encontrarem numa posição de garante, o que decorre desde logo do disposto no artigo 64º do CSC, que os obriga a ter em conta os interesses de terceiros – o que é ainda mais claro quando esteja em causa a violação de normas de protecção do património da sociedades, que são por inerência normas de protecção dos credores sociais (uma vez que, em regra, nas sociedades por quotas e anónimas, apenas o património da sociedade constitui a garantia patrimonial dos seus credores).

Podemos reconduzir este dever de actuação ao critério de criação e manutenção de perigo. De facto, um administrador de uma sociedade que, aceitando o encargo e o registo da situação (tornando público que é administrador da mesma), não exerce as suas funções e aceita que terceiros o façam, cria e mantém uma fonte especial de perigo, que se pode identificar nos seguintes termos: nos tipos societários em que o fenómeno em análise existe, o património da sociedade constitui a única garantia geral dos credores sociais e, portanto, o risco de uma má gestão da empresa societária (com violação dos deveres de cuidado e de lealdade) é transmitido para a esfera desses credores[47].

Pode exemplificar-se aqui com o caso hipotético da violação, pelo administrador de facto, do artigo 6º do CSC, enquanto norma de protecção dos

[46] Cfr. Adriano Paes da Silva Vaz Serra, ob. cit., pág. 110.

[47] Mas ainda podemos identificar na origem desta responsabilidade, bem-entendido, o critério da protecção da confiança (com as limitações que lhe reconhece, nesta sede, Rui Paulo Coutinho de Mascarenhas Ataíde, ob. cit., pp. 650 ss.), desde logo gerada pelos efeitos do registo do administrador meramente nominal como administrador da sociedade.

credores sociais, que limita a capacidade da sociedade aos actos "necessários ou convenientes à prossecução do seu fim" lucrativo (como decorre do artigo 980º do CC). Pois bem, se o administrador de facto faz uma doação em dinheiro da sociedade por quotas a um seu amigo, esse acto é nulo e gera a sua responsabilidade directa extracontratual perante os credores sociais (além, bem-entendido, da sua responsabilidade perante a sociedade), nos termos, respectivamente, dos artigos 280º do CC e 78º, nº 1, do CSC. Ora, cabe apurar se neste caso deve responder perante os credores sociais também o administrador meramente nominal e, em caso de resposta afirmativa, em que termos.

Pois bem, se decorre directamente da lei que o administrador meramente nominal deve responder perante a sociedade, nos termos *supra* analisados para a sua responsabilidade contratual, cabe fundamentar adequadamente a sua responsabilidade extracontratual, perante terceiros. Então, deverá ser apurado se existiu efectiva violação do seu dever de garante; ou seja, se o administrador de direito poderia ter previsto ou conhecido a prática do acto danoso e, consequentemente, agido de modo a impedi-lo. E a sua responsabilidade ainda depende da prova de que a actuação omitida pelo administrador de direito teria, com grande probabilidade, obstado ao dano ou reduzido a sua dimensão[48], ou seja, depende da prova da causalidade da omissão[49]. Ora, é em sede de causalidade da omissão que pode afirmar-se que a responsabilidade do administrador de direito está limitada ao montante do dano que a sua devida intervenção tivesse podido evitar.

De facto, quando estão em causa deveres de prevenção do perigo, como será o caso[50], deve ter-se em conta a existência de mais do que um facto

[48] Cfr. ADRIANO PAES DA SILVA VAZ SERRA, ob. cit., pág. 108; MÁRIO JÚLIO DE ALMEIDA COSTA, *Direito das Obrigações*, cit., pág. 559.

[49] Na adopção de uma formulação negativa da causalidade adequada. Cfr. JOÃO DE MATOS ANTUNES VARELA, *Das Obrigações em Geral*, vol. I, cit., pp. 617 ss..

[50] Veja-se a definição proposta por ANTUNES VARELA, "Supremo Tribunal de Justiça, Acórdão de 26 de Março de 1980", in *Revista de Legislação e de Jurisprudência*, 1981-1982, nº 6383, 35-41, e nº 6384, 72-79, pp. 77 ss.: "sobre cada um de nós recai o dever (geral) de não expor os outros a mais *riscos* ou *perigos* de dano do que aqueles que são, em princípio, inevitáveis"; mas este dever de agir "não pode ser *generalizado* a todas as situações de perigo", sob pena de se excederem os limites impostos pela "*liberdade individual*"; reconhece depois o Autor que em duas situações típicas o dever de agir "não pode ser contestado" – quando o dever de prevenção do perigo resulta de obrigação legal ou contratual de assistência ou de vigilância

inserido no processo causal que conduziu à lesão: a par da acção causadora do dano (aqui imputável ao administrador de facto) teremos uma omissão que consiste na falta de promoção de diligências que visassem conhecer e evitar essa acção e/ou a produção do dano (omissão eventualmente imputável ao administrador meramente nominal, que pode ser identificada antes da acção, quando se trate de a evitar, ou mesmo depois dela, quando se trate de evitar a produção de parte ou da totalidade do dano).

Este dever de intervenção só existe se puder afirmar-se a existência de um dever de vigilância ou atenção – e ele decorre, nesta sede, precisamente, das normas que obrigam um administrador a administrar, com observância dos deveres de cuidado, o que abrange o dever de impedir que qualquer terceiro que ocupe a função de administrador de facto possa vir a violar normas de protecção de terceiros e, com essa actuação, a causar-lhes danos. Aliás, o administrador meramente nominal, abstendo-se de exercer as suas funções e aceitando que elas sejam exercidas por terceiro que não vigia, ou relativamente a cujos factos ilícitos e culposos não intervém, expõe os lesados ao perigo desses factos ilícitos e culposos[51].

Nesta sede, a culpa, na forma de negligência, existe se o administrador meramente nominal "tivesse podido representar as consequências da sua conduta e as tivesse podido evitar através das medidas de precaução"[52], cabendo aqui o critério estabelecido no artigo 487º, nº 2, do CC, mas sempre tendo em consideração que pelo artigo 64º do CSC se exige a qualquer

(e aí a responsabilidade pelos danos decorrentes da omissão decorre do disposto no artigo 486º CC), e quando "o perigo do dano não resulta de uma circunstância fortuita ou de força maior, mas de um facto especial praticado ou mantido por determinada pessoa", caso em que "o criador ou mantenedor da situação especial de perigo tem o dever de o remover, sob pena de responder pelos danos provenientes da omissão" (nestes casos, a responsabilidade pelos danos decorrentes da omissão não decorre de um "preceito genérico", mas "não deixa de transparecer em numerosas disposições" legais, "simples afloramentos especiais de um princípio geral de recorte mais amplo",, como os artigos 492º, 493º, 502º, 1347º a 1350º, 1352º, todos do CC) .

[51] Este princípio de "transferência do dano para a esfera dos agentes que expuseram o lesado ao perigo de um facto ilícito e culposo" encontra, nomeadamente, expressão no disposto no artigo 490º do CC. Cfr. Henrique Sousa Antunes, "Artigo 490º. Responsabilidade dos autores, instigadores e auxiliares", in *Comentário ao Código Civil. Direito das Obrigações. Das Obrigações em Geral*, Universidade Católica Editora, Lisboa, 2018, pág. 310.

[52] J. Sinde Monteiro, "Tribunal da Relação de Lisboa. Acórdão de 1 de Dezembro de 2008" in *Revista de Legislação e de Jurisprudência*, nº 3959, 2009, 117-136, pp. 132 ss..

administrador a "diligência de um gestor criterioso e ordenado" – é a esta luz que deve ser apreciada a censurabilidade da omissão.

A prova da culpa caberá, em regra, ao lesado. Estará afastada a possibilidade de inversão do ónus da prova, por aplicação analógica ou até directa da presunção estabelecida no artigo 493º, nº 1, do CC, como já se tem defendido noutros domínios da responsabilidade por violação de determinados deveres de prevenção do perigo quando estão em causa danos causados por empresas, especificamente no âmbito da culpa de organização empresarial ("sendo a empresa uma coisa e cabendo ao seu titular o encargo de cuidar dela ou a 'vigiar', os danos causados por um defeito de organização de empresa parecem poder *hoc sensu* considerar-se como danos causados pela 'coisa' empresa, o que justifica uma aplicação directa da disposição legal em causa")[53]? Esta possibilidade, apesar de abstractamente admissível noutros casos de culpa de organização, deve ser encarada com prudência no que ora analisamos. Desde logo, o administrador não pode, só por isso, ser qualificado como titular da empresa – ele é, especificamente, o responsável pela sua gestão e, em boa parte, pela sua organização (sendo que algumas das decisões de fundo, no que à organização da empresa respeita, são da competência dos sócios – como, por exemplo, a opção por um dos três modelos de organização permitidos pelo artigo 278º do CSC para a sociedade anónima). Por outro lado, o artigo 78º, nº 1, do CSC, que se ocupa da responsabilidade extracontratual dos administradores perante os credores sociais, não acolhe a presunção de culpa estabelecida no artigo 72º, nº 1, para as situações de responsabilidade contratual dos administradores, pelo que para a responsabilização de um administrador de facto para com os credores sociais impenderá sempre sobre estes o ónus da prova da culpa desse administrador; presumir paralelamente a culpa do administrador meramente nominal na mesma situação, embora o juízo de censurabilidade seja referido a factos (acções ou omissões) diferentes relativamente a cada um dos sujeitos, levaria a uma dualidade de critérios dificilmente justificável à luz da necessária unidade do ordenamento jurídico. Esta última consideração é reforçada pelo que a lei estabelece no possível lugar paralelo a que já nos referimos *supra*, a delegação de poderes (em que há precisamente uma responsabilidade por omissão própria do cumprimento de um dever de vigilância geral): verificamos que o nº 8

[53] J. SINDE MONTEIRO, ob. cit., pp. 135 ss..

do artigo 407º do CSC determina que a responsabilidade dos administradores não delegados é uma responsabilidade "nos termos da lei", pelo que há que atender precisamente ao disposto nos artigos 72º e seguintes desse código[54], inclusivamente no que respeita à distribuição do ónus da prova.

Neste estrito domínio da responsabilidade do administrador meramente nominal pelos actos do administrador de facto que geraram responsabilidade extracontratual (perante os credores sociais) é interessante analisar o caso decidido no Tribunal de Santa Maria da Feira, na acção ordinária nº 237/2002 do 2º Juízo Cível, com decisão de 22 de Abril de 2005. Neste caso, considerada a matéria provada, os réus, ambos sócios e gerentes de uma sociedade por quotas, pretendiam ver afastada a sua responsabilidade com base no facto de um deles ter, a partir de certa altura, alienado as suas quotas a terceiro e de ter aceitado, com base nesse contrato, que uma outra pessoa passasse a exercer de facto as funções de gerente, abstendo-se a partir desse momento de as exercer. Acontece que este gerente de facto não tratou de assegurar o cumprimento das obrigações da sociedade, tendo antes, numa determinada noite, feito desaparecer todos os bens de valor que existiam no património da sociedade, deixando assim desacautelados os interesses dos credores sociais na satisfação dos seus créditos.

A acção foi intentada por credores da sociedade com fundamento no disposto nos artigos 78º e 79º do CSC, tendo o tribunal afastado, e bem, a hipótese de aplicação ao caso deste último artigo. Na apreciação dos requisitos para a aplicação do artigo 78º, considerou-se que a prática de facto ilícito inclui a "omissão de um comportamento devido" sempre que exista um "dever jurídico de agir", que pode decorrer "das vulgarmente denominadas 'posições de garante' pela não verificação do resultado danoso"[55]. Afirma-se ainda que um gerente ou administrador de direito, mesmo que não exerça as suas funções de facto, "não deixa de se encontrar numa <u>posição de garante</u> para que os tais gestores de facto adoptem os métodos de um 'gestor criterioso'", posição que impõe "um <u>dever de vigilância</u> quanto aos procedimentos de gestão adoptados pelos gestores de facto em relação

[54] Neste sentido, cfr. Alexandre de Soveral Martins, "Artigo 407º", in *Código das Sociedades Comerciais em Comentário. Volume VI (Artigos 373º a 480º)*, coord. J. M. Coutinho de Abreu, 2ª ed., Almedina, Coimbra, 2019, pág. 464.

[55] E o tribunal cita neste ponto Mário Júlio de Almeida Costa, *Direito das Obrigações*, 4ª ed., Coimbra Editora, Coimbra, 1984, pág. 367, que estende este entendimento no direito penal ao plano civilístico.

a terceiros, pois caso estes últimos gestores não actuem de modo diligente, impõe-se que os primeiros substituam os segundos", pelo que "podiam e deviam os mesmos actuar mediante a diligência de um 'gestor criterioso', impedindo que fossem adoptadas medidas pelos 'gestores de facto' lesivas dos interesses dos credores sociais", excepto no que respeite a "situações que são inusitadas e imprevisíveis, para qualquer gerente ordenado e consciencioso"[56]. Esta decisão, genericamente, identifica o problema da fundamentação da responsabilidade extracontratual do administrador meramente nominal e, embora de modo sucinto, deu-lhe solução adequada.

[56] Sublinhados no original.

As sociedades comerciais e o seu beneficiário efetivo

Algumas notas sobre o conceito de beneficiário efetivo e sobre o caso específico das sociedades com ações admitidas à negociação em mercado regulamentado

Daniela Farto Baptista[*]

Sumário[**]**:** 1. O reforço da transparência societária; 2. O conceito de beneficiário efetivo; 3. O caso específico das sociedades com ações admitidas à negociação em mercado regulamentado: participações qualificadas, imputação de direitos de voto, participantes e beneficiários efetivos; 4. Os critérios de imputação de direitos de voto enquanto critérios de aferição da qualidade de beneficiário efetivo.

1. O reforço da transparência societária[1]

Por certo saberemos que o reforço da transparência societária a que hoje se assiste deve-se, em parte, à transposição da Diretiva (UE) 2015/849, do

[*] Professora Auxiliar na Escola de Direito do Porto da Universidade Católica Portuguesa. Membro do Centro de Estudos e Investigação em Direito da Universidade Católica Portuguesa.

[**] Abreviaturas utilizadas: GAFI – Grupo de Ação Financeira; CSC – Código das Sociedades Comerciais; CRCom – Código do Registo Comercial; CVM – Código dos Valores Mobiliários; RJRCBE – Regime Jurídico do Registo Central do Beneficiário Efetivo; RCBE – Registo Central do Beneficiário Efetivo; IRN – Instituto dos Registos e do Notariado; AT – Autoridade Tributária e Aduaneira; BE – Beneficiário Efetivo; CódMVM – Código do Mercado de Valores Mobiliários; OPA – Oferta Pública de Aquisição.

[1] O texto que agora se publica corresponde a uma versão escrita da nossa intervenção oral proferida nas II Jornadas da Pós-Graduação em Direito das Sociedades Comerciais UCP – Porto, dedicadas ao tema «A Constituição de Sociedade Comercial como Meio para a Criação do Próprio Emprego», que decorreram no Anfiteatro VIII da Universidade dos Açores, no dia 27 de junho de 2022.

Parlamento Europeu e do Conselho, de 20 de maio de 2015, relativa à prevenção da utilização do sistema financeiro para efeitos de branqueamento de capitais ou de financiamento do terrorismo[2]. Em Portugal, essa transposição foi levada a cabo pela Lei nº 83/2017, de 18 de agosto[3], e pela Lei nº 89/2017, de 21 de agosto[4], que aprovou o Regime Jurídico do Registo Central do Beneficiário Efetivo (RJRCBE)[5].

O objetivo do legislador europeu era claro: proteger o sistema financeiro «através da prevenção, deteção e investigação do branqueamento de capitais e do financiamento do terrorismo»[6]. O mesmo vale por dizer, através do reforço da transparência e do seu efeito dissuasivo. Afinal, tal prevenção só poderia ser eficaz se todo o sistema fosse hostil aos crimino-

[2] Que altera o Regulamento (UE) nº 648/2012, do Parlamento Europeu e do Conselho, e que revoga a Diretiva 2005/60/CE, do Parlamento Europeu e do Conselho, e a Diretiva 2006/70/CE, da Comissão, de 1 de agosto. Note-se que a Diretiva (UE) 2015/849, entretanto alterada pela Diretiva (UE) 2018/843, do Parlamento Europeu e do Conselho, de 30 de maio de 2018, e pela Diretiva (UE) 2019/2177, do Parlamento Europeu e do Conselho, de 18 de dezembro de 2019, constitui a quarta diretiva a fazer face à ameaça do branqueamento de capitais e do financiamento do terrorismo. Antes dela, o esforço do legislador europeu em reforçar as medidas destinadas a combater a utilização abusiva do sistema financeiro para branqueamento de capitais e financiamento do terrorismo (dando seguimento às, então, mais recentes recomendações do Grupo de Ação Financeira (GAFI), de junho de 2003) já havia determinado a aprovação da Diretiva 2005/60/CE, do Parlamento Europeu e do Conselho, de 26 de outubro de 2005, relativa à prevenção da utilização do sistema financeiro para efeitos de branqueamento de capitais e de financiamento do terrorismo, e da Diretiva 2006/70/CE, da Comissão, de 1 de agosto de 2006, que estabelecia as medidas de execução da Diretiva 2005/60/CE. Entre nós, as Diretivas (UE) 2005/60/CE e 2006/70/CE foram transpostas pela Lei nº 25/2008, de 05 de junho, por sua vez revogada pela Lei nº 83/2017, 18 de agosto.

[3] Entretanto alterada pelo Decreto-Lei nº 144/2019, de 23 de setembro, pela Lei nº 58/2020, de 31 de agosto, pelo Decreto-Lei nº 9/2021, de 29 de janeiro, pelo Decreto-Lei nº 56/2021, de 30 de junho, e pela Lei nº 99-A/2021, de 31 de dezembro.

[4] Entretanto alterada pela Lei nº 58/2020, de 31 de agosto, que procedeu à transposição da Diretiva (UE) 2018/843, do Parlamento Europeu e do Conselho, de 30 de maio de 2018, que, por sua vez, alterou a Diretiva (UE) 2015/849, relativa à prevenção da utilização do sistema financeiro para efeitos de branqueamento de capitais ou de financiamento do terrorismo e a Diretiva (UE) 2018/1673 do Parlamento Europeu e do Conselho, de 23 de outubro de 2018, relativa ao combate ao branqueamento de capitais através do direito penal.

[5] Cfr., ainda, a Portaria nº 233/2018, de 21 de agosto, que regulamenta o RJRCBE, com as alterações introduzidas pela Declaração de Retificação nº 33/2018, de 9 de outubro, e pela Portaria 200/2019, de 28 de junho, que veio estabelecer os prazos para a declaração inicial do RCBE (revogando os artigos 13º e 17º da Portaria nº 233/2018). Note-se que a Portaria 200/2019 foi, também ela, entretanto alterada pela Declaração de Retificação nº 34/2019, de 17 de julho.

[6] Cfr. Considerando (64) da Diretiva (UE) 2015/849.

sos que desde sempre procuraram proteger as suas finanças recorrendo a estruturas não transparentes[7]. Seja pela utilização de «*corporate vehicles*» e de estruturas societárias como instrumentos de ocultamento da sua identidade (pense-se, por exemplo, no anonimato permitido durante tantos anos, em particular, pelas ações ao portador das sociedades anónimas), seja pelo recurso a instrumentos jurídicos variados capazes de assegurar o mesmo ocultamento (vejam-se os casos dos administradores pessoas coletivas, do *trust* ou das "*shell companies*")[8].

Assim se compreende que, entre outras medidas de transparência, a Diretiva (UE) 2015/849 tenha considerado «necessário identificar todas as pessoas singulares que detêm a propriedade ou o controlo de uma pessoa coletiva», ou seja, os seus beneficiários efetivos[9]. E tenha chegado à conclusão de que o conhecimento de uma percentagem de ações ou de participação no capital não permite automaticamente conhecer os seus beneficiários efetivos, embora possa constituir um dos fatores indiciários a ter em conta[10].

Dando cumprimento ao disposto na Diretiva, o art. 3º da Lei nº 89/2017 passou a prever a necessidade de os documentos que formalizam a constituição de sociedades comerciais conterem a identificação das pessoas

[7] Cfr. Considerando (4) da Diretiva (UE) 2018/843.

[8] Cfr. Maria Elisabete Ramos – *Os Registos de Beneficiário Efetivo*, ROA, I-II, 2018, p. 333-376, em especial p. 335-336, onde a autora refere, precisamente, o facto de a investigação levada a cabo por várias entidades internacionais (como a Organização para a Cooperação e Desenvolvimento Económico (OCDE), o GAFI ou o Banco Mundial) ter mostrado que alguns daqueles instrumentos são especialmente vulneráveis a serem degradados em engrenagens destinadas à prática de atividades ilícitas. E, mais importante ainda, o facto de o GAFI (nas suas Recomendações «Revistas», elaboradas em 2012, em particular na Recomendação 24) ter alertado os países para a necessidade de serem adotadas medidas destinadas a «impedir a utilização abusiva das pessoas coletivas para fins de branqueamento de capitais ou de financiamento de capitais», através da existência de «informação adequada, exata e atualizada sobre os beneficiários efetivos e sobre o controlo dessas pessoas coletivas, suscetível de ser obtida ou consultada em tempo útil, pelas autoridades competentes».

[9] Cfr. Considerando (12) da Diretiva (UE) 2015/849. Salientando, precisamente, que "... o disclosure *da informação sobre a identidade dos beneficiários efetivos das estruturas societárias, a par do fim das ações ao portador e da proibição dos* corporate directors, *tendo de permeio a troca de informações e a derrogação do sigilo bancário, a que todos os Estados membros estão obrigados, vão trazer ganhos na inspeção tributária e, em particular, no domínio da investigação criminal*", *vide* Rui Marques – *Lembrando o Bom Samaritano: O novo registo público dos beneficiários efetivos na União Europeia*, RDS VIII (2016), 1, p. 83-105, em especial p. 89.

[10] Cfr. Considerando (12) da Diretiva (UE) 2015/849.

singulares detentoras, ainda que de forma indireta ou através de terceiro, da propriedade das participações sociais ou, por qualquer outra forma, do controlo efetivo da sociedade, sem prejuízo dos demais requisitos previstos na lei[11]. Por sua vez, o art. 4º da mesma Lei passou a impor às sociedades comerciais o dever de manutenção de um registo atualizado com os elementos de identificação dos sócios, com discriminação das respetivas participações sociais; das pessoas singulares detentoras, ainda que de forma indireta ou através de terceiro, da propriedade das participações sociais; e de todos os detentores, por qualquer forma, do respetivo controlo efetivo. Para esse efeito, as referidas pessoas passaram a ficar obrigadas a informar a sociedade de todos os elementos necessários para a elaboração do registo de beneficiário efetivo, devendo proceder à sua atualização sempre que necessário e ficando sujeitas à amortização das respetivas participações sociais em caso de incumprimento injustificado desse dever de informação[12].

A par do dever de manutenção deste registo interno, o art. 34º, nº 1, da Lei nº 83/2017, de 18 de Agosto, veio consagrar, ainda, um dever declarativo para as sociedades, ao estabelecer que as informações sobre os beneficiários efetivos passavam a ser registadas num registo central do beneficiário efetivo, regulado por legislação específica. Essa legislação específica, aprovada em anexo à Lei nº 89/2017, e correspondente ao RJRCBE, sujeitou ao RCBE, entre outras entidades, as sociedades civis e comerciais[13], a partir de então obrigadas a declarar, nos momentos previstos e com a periodicidade fixada no referido Regime, informação suficiente, exata e atual sobre os seus beneficiários efetivos, todas as circunstâncias indiciadoras dessa qualidade e a informação sobre o interesse económico nelas detido[14].

[11] Referindo-se, precisamente, ao facto de esta norma consagrar um novo dever legal a cargo dos sócios fundadores (ou seja, de todos aqueles que participam na constituição da sociedade na qualidade de sócio): a saber, o dever de, no ato constituinte da sociedade, identificarem a pessoa singular-beneficiário efetivo das participações sociais, e salientando que nenhuma das outras pessoas que normalmente participam no processo de constituição da sociedade (como notários, advogados, revisores oficiais de contas, etc.) estará obrigada ao cumprimento do mesmo dever por não assumir a qualidade de fundador, *vide* MARIA ELISABETE RAMOS – *Controlo de identidade dos sócios – alguns problemas recentes*, V Congresso DSR (2018), p. 65-105, em especial p. 83.

[12] Cfr. art. 5º, nºs 2, 3 e 4 da Lei nº 89/2017.

[13] Cfr. art. 3º, nº 1, alínea *a)*, do RJRCBE.

[14] Cfr. art. 5º, nº 1, do RJRCBE. Nos termos do art. 6º, nº 1, do RJRCBE, o incumprimento pela sociedade do dever de manter um registo atualizado dos elementos de identificação do

O que significa que o nosso legislador (deixando intocados todos os regimes de publicidade de participações sociais e de sócios previstos no CSC, no CRCom e no CVM então vigentes[15] e partindo do pressuposto de que tal quadro legal não era suficiente para cumprir as exigências da Diretiva 2015/849[16], no que às sociedades não emitentes de ações admi-

beneficiário efetivo constitui contraordenação punível com coima de (euro) 1 000 a (euro) 50 000. Para mais, sem prejuízo de outras proibições legalmente previstas, enquanto não se verificar o cumprimento das obrigações declarativas e de retificação previstas no presente regime, a sociedade fica impedida de, entre outras operações, distribuir lucros do exercício ou fazer adiantamentos sobre lucros no decurso do exercício, celebrar contratos de fornecimento ou concorrer à concessão de serviços públicos ou beneficiar dos apoios de fundos europeus estruturais. Cfr. art. 37º, nº 1, do RJRCBE.

15 Para um estudo mais atento desses regimes de publicidade, como, por exemplo, a identificação de todos os sócios fundadores prevista no art. 9º, nº 1, alínea *a)*, do CSC, cfr., por todos, Maria Elisabete Ramos – *Controlo de Identidade dos Sócios: Alguns Problemas Recentes*, V Congresso DSR, 2018, p. 65-105, em especial, p. 72 e ss.

16 Alguns autores consideram que o quadro legal vigente não era suficiente para cumprir as exigências da Diretiva 2015/849, por versar apenas sobre a «propriedade legal» das participações sociais. Neste sentido, *vide* Maria Elisabete Ramos – *Controlo de Identidade dos Sócios: Alguns Problemas Recentes*, V Congresso DSR, 2018, p. 65-105, em especial, p. 79. Mas, na verdade, tal afirmação apenas podia aplicar-se, naquela altura, às sociedades anónimas que não eram emitentes de ações admitidas à negociação em mercado regulamentado. E por uma simples razão: porque, de facto, o fim das ações ao portador, imposto pela Lei nº 15/2017, de 3 de maio, havia determinado a revogação do art. 448º do CSC (antes da entrada em vigor da Lei nº 89/2017). E como todas as ações passaram a ser nominativas, a sociedade passou a estar em condições de conhecer, a todo o tempo, a identidade dos seus titulares, deixando de ser necessária a publicidade de participações de acionistas imposta, até então, pelo referido preceito. Sucede, porém, que com o seu desaparecimento desapareceu também da ordem jurídica o único preceito que, no que às sociedades anónimas não emitentes de ações admitidas à negociação em mercado regulamentado dizia respeito, não se limitava a versar sobre a «propriedade legal» das participações sociais. De facto, o seu nº 1 mandava aplicar o disposto no art. 447º, nº 2, do CSC para efeitos do cálculo da percentagem de capital social detida pelo acionista obrigado a comunicar à sociedade o número de ações de que era titular (sempre que elas fossem representativas de, pelo menos, um décimo, um terço ou metade do capital social). E o art. 447º, nº 2, do CSC previa, como ainda prevê, a necessidade de se atender, nesse cômputo, às ações do cônjuge não separado judicialmente, fosse qual fosse o regime matrimonial de bens; dos descendentes de menor idade; das pessoas em cujo nome as ações ou obrigações se encontrassem, tendo sido adquiridas por conta das pessoas referidas no nº 1 e nas alíneas *a)* e *b)* do mesmo preceito; e, ainda, às ações pertencentes a sociedade de que as pessoas obrigadas ao dever de comunicação e as pessoas referidas no nº 1 e nas alíneas *a)* e *b)* do mesmo preceito fossem sócios de responsabilidade ilimitada, exercessem a gerência ou algum dos cargos referidos no nº 1 ou possuíssem, isoladamente ou em conjunto com pessoas referidas nas alíneas *a)*, *b)* e *c)* do mesmo número, pelo menos metade do capital

tidas à negociação em mercado regulamentado dizia respeito) optou por um modelo em que as informações sobre o beneficiário efetivo passaram a constar simultaneamente de dois registos: um registo societário, de natureza e gestão privadas, e um registo central, de natureza e gestão públicas[17]. O primeiro criado e gerido por cada sociedade nos termos descritos, com acesso privado à informação dele constante e destinado a servir, essencialmente, as obrigações declarativas da sociedade; o segundo gerido pelo Instituto dos Registos e do Notariado (IRN)[18], com acesso público a parte da informação dele constante[19] e destinado a servir de fonte informativa às autoridades judiciárias, policiais e setoriais previstas na Lei nº 83/2017, de 18 de agosto, bem como à Autoridade Tributária e Aduaneira (AT), no âmbito das respetivas atribuições legais em matéria de prevenção e combate ao branqueamento de capitais e ao financiamento do terrorismo[20].

social ou dos votos correspondentes a este. Sobre o fim das ações ao portador, *vide*, por todos, J. M. Coutinho De Abreu – *A Propósito da Eliminação das Ações ao Portador*, V Congresso DSR (2018), p. 55-64.

[17] Para um estudo mais atento desta dualidade de registos do beneficiário efetivo, cfr., por todos, Maria Elisabete Ramos – *Controlo de identidade dos sócios – alguns problemas recentes*, V Congresso DSR (2018), p. 65-105, em especial p. 80-81, e Maria Elisabete Ramos – *As Cooperativas e os Regimes do Beneficiário Efetivo*, CES, nº 40 (2017-2018), p. 59-85, em especial p. 70 e ss.

[18] Cfr. art. 2º do RJRCBE.

[19] Cfr. arts. 19º, nº 1, e 22º do RJRCBE. Sobre o acesso à informação constante do RCBE e a eventual restrição de direitos fundamentais, cfr., entre outros, Maria Elisabete Ramos – *Controlo de identidade dos sócios – alguns problemas recentes*, V Congresso DSR (2018), p. 65-105, em especial p. 87-88, Maria Elisabete Ramos – *As Cooperativas e os Regimes do Beneficiário Efetivo*, CES, nº 40 (2017-2018), p. 59-85, em especial p. 76 e ss., Maria Elisabete Ramos – *Os Registos de Beneficiário Efetivo*, ROA, I-II, 2018, p. 333-376, em especial p. 364 e ss., e JOSÉ Maria Rodrigues / Alexandre Pedral Sampaio – *O Regime Jurídico do Registo Central do Beneficiário Efetivo, aprovado pela Lei nº 89/2017, de 21 de Agosto*, Actualidad Jurídica, 47-2017, p. 142-153, em especial p. 149-150.

[20] Cfr. art. 21º, nº 1 do RJRCBE. Conforme disposto no art. 27º do RJRCBE, «a base de dados do RCBE tem por finalidade organizar e manter atualizada a informação relativa à pessoa ou às pessoas singulares que detêm, ainda que de forma indireta ou através de terceiro, a propriedade ou o controlo efetivo das entidades constantes do artigo 3º, com vista ao reforço da transparência nas relações comerciais e ao cumprimento dos deveres em matéria de prevenção e combate ao branqueamento de capitais e ao financiamento do terrorismo estabelecidos na Lei nº 83/2017, de 18 de agosto». A este propósito, cfr., ainda, o art. 1º do RJRCBE, bem como a exposição de motivos da Proposta de Lei nº 71/XIII/2, de onde resulta, claramente, que o objetivo do legislador com a criação do RCBE consistiu, precisamente, na facilitação da «identificação das pessoas singulares que detêm o controlo de pessoas coletivas ou entidades equiparadas, tornando acessíveis os

Em ambos são inscritas informações sobre sócios, com discriminação das respetivas participações sociais; em ambos, como vimos, a informação deve ser suficiente, exata e atual (art. 4º, nº 2, da Lei nº 89/2017, e art. 1º do RJRCBE)[21]; e o cumprimento de ambos está, naturalmente, dependente do preenchimento do conceito de beneficiário efetivo.

2. O conceito de beneficiário efetivo

Nos termos do art. 2º, nº 1, alínea *h)*, da Lei nº 83/2017, deve entender-se por beneficiário(s) efetivo(s) a pessoa ou pessoas singulares que, em última instância, detêm a propriedade ou o controlo da sociedade e/ou a pessoa ou pessoas singulares por conta de quem é realizada uma operação ou atividade, de acordo com os critérios estabelecidos no artigo 30º. Critérios esses que nos mandam considerar como beneficiários efetivos de entidades societárias (quando não sejam sociedades com ações admitidas à negociação em mercado regulamentado sujeitas a requisitos de divulgação de informações consentâneos com o direito da União Europeia ou sujeitas a normas internacionais equivalentes que garantam suficiente transparência das informações relativas à propriedade) a pessoa ou pessoas singulares que, em última instância, detêm a propriedade ou o controlo, direto ou indireto, de uma percentagem suficiente de ações ou dos direitos de voto ou de participação no capital dessa entidade; a pessoa ou pessoas singulares que exercem controlo por outros meios sobre essa entidade; e a pessoa ou pessoas singulares que detêm a direção de topo, se, depois de esgotados todos os meios possíveis e na condição de não haver motivos de suspeita, não tiver sido identificada nenhuma pessoa nos termos dos critérios anteriores ou subsistirem dúvidas de que a pessoa ou pessoas identificadas sejam, de facto, os beneficiários efetivos[22]. Sendo certo que, para os efeitos de aferição da qualidade de beneficiário efetivo, quando estiver em causa uma entidade societária, devem considerar-se como indício de propriedade direta a detenção, por uma pessoa singular, de participações representativas de mais de 25 /prct. do capital social e como indício de propriedade indireta a detenção de participações representativas de mais

elementos de identificação respetivos e auxiliando o cumprimento dos deveres de prevenção do branqueamento de capitais e do financiamento do terrorismo».

[21] Cfr. Maria Elisabete Ramos – *Controlo de identidade dos sócios – alguns problemas recentes*, V Congresso DSR (2018), p. 65-105, em especial p. 81.

[22] Cfr. art. 30º, nº 1, da Lei nº 83/2017.

de 25 /prct. do capital social por entidade societária que esteja sob o controlo de uma ou várias pessoas singulares ou por várias entidades societárias que estejam sob o controlo da mesma pessoa ou das mesmas pessoas singulares. A par destes, deve verificar-se a existência de quaisquer outros indicadores de controlo e das demais circunstâncias que possam indiciar um controlo por outros meios[23].

Isso mesmo já resultava, aliás, do art. 3º, nº 6, da própria Diretiva (UE) 2015/849, com a única diferença de o legislador europeu acrescentar a possibilidade de o «controlo através de outros meios» poder ser determinado, *inter alia*, segundo os critérios estabelecidos no art. 22º, nºs 1 a 5, da Diretiva 2013/34/EU do Parlamento Europeu e do Conselho[24]. À luz de tais critérios, que também podem ser convocados entre nós, ficamos a saber que o legislador europeu, entre outros, considera como indiciadores da detenção de uma posição de controlo no seio de uma entidade societária: a titularidade da maioria dos direitos de voto; o controlo da maioria dos direitos de voto alcançado na sequência de um acordo concluído com outros acionistas ou sócios da sociedade; o direito de nomear ou destituir a maioria dos membros dos órgãos de administração, de direção ou de supervisão e essa nomeação ou destituição efetivas; e o direito de exercer uma influência dominante por força de um contrato celebrado com a sociedade ou de uma cláusula dos seus estatutos, bem como a mera possibilidade ou o exercício efetivo dessa influência dominante. E ficamos a saber que a esses direitos de voto, de nomeação, destituição e exercício de influência dominante devem ser adicionados os direitos de quem atua em seu próprio nome, mas por conta da pessoa singular «controladora»[25].

[23] Cfr. art. 30º, nº 2, da Lei nº 83/2017.

[24] Diretiva 2013/34/UE, do Parlamento Europeu e do Conselho, de 26 de junho de 2013, relativa às demonstrações financeiras anuais, às demonstrações financeiras consolidadas e aos relatórios conexos de certas formas de empresas, que altera a Diretiva 2006/43/CE do Parlamento Europeu e do Conselho e revoga as Diretivas 78/660/CEE e 83/349/CEE do Conselho. Esta Diretiva foi, entretanto, alterada pelas Diretivas 2014/95/UE, do Parlamento Europeu e do Conselho, de 22 de outubro de 2014, 2014/102/UE, do Conselho, de 7 de novembro de 2014, (UE) 2021/2101, do Parlamento Europeu e do Conselho, de 24 de novembro de 2021, e (UE) 2022/2464, do Parlamento Europeu e do Conselho, de 14 de dezembro de 2022. Entre nós, a Diretiva 2013/34/UE foi transposta pelo Decreto-Lei nº 98/2015, de 02 de junho.

[25] Considerando, igualmente, que os mesmos critérios podem ser convocados entre nós para auxiliar na determinação do beneficiário efetivo, *vide* Maria Elisabete Ramos – *Os Registos de Beneficiário Efetivo*, ROA, I-II, 2018, p. 333-376, em especial p. 348.

Chegados até aqui, a primeira nota que importa salientar é que tanto o legislador europeu como o legislador nacional utilizam expressões como «propriedade», «propriedade direta», «propriedade indireta», «controlo», «controlo direto ou indireto», «última instância», «percentagem suficiente de ações» e «controlo por outros meios» sem definirem o que se deve entender por cada uma delas e criando, consequentemente, importantes dúvidas interpretativas. E que nem mesmo o recurso aos critérios estabelecidos no art. 22º, nºs 1 a 5, da Diretiva 2013/34/EU, é suficiente para nos permitir identificar de antemão todas as situações de cooperação de esforços e de coordenação de comportamentos, ou todas as relações de proximidade (mais ou menos ocultas), capazes de transformar uma pessoa singular, em «última instância», no beneficiário efetivo de determinada sociedade.

Mas não poderia deixar de ser assim. Quando o legislador manda considerar todas as formas de «propriedade», de «controlo indireto» e de «controlo por outros meios», fá-lo porque reconhece a dissociação que tantas vezes ocorre entre a titularidade das participações sociais e a legitimidade para influenciar o exercício dos direitos de voto. E também o faz porque reconhece que nem sempre quem detém formalmente os direitos de voto (e, como tal, tem o poder legal de votar) é quem efetivamente os exerce de forma discricionária ou é livre de escolher o seu sentido, sem estar sujeito às instruções e à influência de outra pessoa. Acima de tudo, fá-lo porque admite que o beneficiário efetivo pode não ser formalmente titular de nenhum direito de voto, pode não ser sequer sócio da sociedade em causa e, ainda assim, pode ter o poder de determinar o sentido dos seus votos e de influenciar, por essa forma, os desígnios sociais, servindo-se da estrutura societária para, por exemplo, ocultar a sua identidade[26].

Ora, a utilização propositada de expressões tão indefinidas tem, pelo menos, a enorme vantagem de permitir que todas as cadeias de relações adequadas a atribuir a alguém o «controlo» de determinado ente societário

[26] Como veremos *infra*, idêntico raciocínio pode, e deve, fazer-se a propósito do titular de participações qualificadas em sociedades emitentes de ações admitidas à negociação em mercado regulamentado. A este propósito, cfr. Daniela Farto Baptista – *A Atuação Concertada como Fundamento de Imputação de Direitos de Voto no Mercado de Capitais*, Universidade Católica Editora, Porto, 2016, em especial p. 221 e ss. Salientando que a revelação dos beneficiários efetivos das entidades societárias ou outras faz emergir a pertinente questão do levantamento da personalidade jurídica coletiva, cfr. Rui Marques – *Lembrando o Bom Samaritano: O novo registo público dos beneficiários efetivos na União Europeia*, RDS VIII (2016), 1, p. 83-105, em especial p. 99 e ss.

possam ser consideradas no preenchimento do conceito de beneficiário efetivo, apesar da crescente sofisticação dos seus intervenientes e dos seus comportamentos[27]. Afinal, estamos perante uma noção de difíceis contornos (em si mesma, pelo seu conteúdo e pelas implicações da sua existência), que não pode ser reduzida a uma definição demasiado precisa, sob pena de se tornar facilmente contornável. Num contexto como este, cabe-nos a nós, enquanto intérpretes, procurar (re)construir o conceito, tanto mais que só então estaremos em condições de analisar as situações concretas da vida e de decidir se elas lhe são subsumíveis.

E assim, por exemplo, quando o legislador nacional, no art. 3º da Lei nº 89/2017, utiliza a expressão «propriedade das participações sociais» sem estabelecer qualquer limiar percentual mínimo e a seguir faz referência ao «controlo efetivo da sociedade», obtido «por qualquer outra forma», deve entender-se que apenas está em causa a «propriedade das participações sociais» em percentagens adequadas a constituir um indício de «controlo» e não em quaisquer percentagens. O mesmo vale por dizer que os documentos que formalizam a constituição de sociedades comerciais não têm de conter a identificação de todas as pessoas singulares que detêm, direta ou indiretamente, quaisquer percentagens (mesmo que ínfimas) de participações sociais na sociedade, mas sim apenas daquelas que são «proprietárias» (diretas ou indiretas) de participações sociais em percentagens capazes de lhes atribuir uma posição de controlo[28].

Acresce que, a utilização da expressão «efetivo» para se referir ao controlo que a pessoa singular identificada como beneficiário efetivo tem o

[27] No mesmo sentido, reconhecendo, precisamente, que, para efeitos de determinação da pessoa-singular beneficiário, podem ser relevantes os mais variados instrumentos de controlo das sociedades, sendo certo que, para além dos instrumentos de natureza financeira, há instrumentos de natureza contratual que são capazes de instituir uma relação de integração económica (como, por exemplo, os «contratos de empresa») e que, enquanto tal, também podem ser considerados, *vide* Maria Elisabete Ramos – *Os Registos de Beneficiário Efetivo*, ROA, I-II, 2018, p. 333-376, em especial p. 350.

[28] No mesmo sentido, defendendo que a interpretação sistemática impõe que a Lei nº 89/2017 tenha de ser interpretada tendo em conta as disposições da Lei nº 83/2017 e que, por conseguinte, apenas devem ser identificadas no documento de constituição as pessoas singulares que detêm participações relevantes para efeitos do art. 30º, nº 2, da Lei nº 83/2017, ou seja, 25% ou mais do capital social, *vide* José Maria Rodrigues / Alexandre Pedral Sampaio – *O Regime Jurídico do Registo Central do Beneficiário Efetivo, aprovado pela Lei nº 89/2017, de 21 de Agosto*, Actualidad Jurídica, 47-2017, p. 142-153, em especial p. 144.

poder de exercer, também é digna de inúmeros reparos. Afinal, se o que se pretende é proteger o sistema financeiro «através da prevenção, deteção e investigação do branqueamento de capitais e do financiamento do terrorismo» e se esse objetivo só pode ser alcançado através do reforço da transparência e do seu efeito dissuasivo, tal prevenção só poderá ser eficaz se todas as situações de *possível* utilização de estruturas societárias como instrumentos de ocultamento da identidade da pessoa singular beneficiária efetiva forem reveladas. Por uma simples razão: porque a mera *possibilidade* de alguém influenciar os desígnios sociais de determinada sociedade é suficiente para nos permitir afirmar que essa pessoa detém a «propriedade» ou o «controlo», direto ou indireto, dessa entidade. E porque isso mesmo resulta dos critérios estabelecidos no art. 22º, nºs 1 a 5, da Diretiva 2013/34/EU e da referência que neles se faz à mera *possibilidade* de exercício de uma influência dominante.

Parece-nos, portanto, que podemos e devemos fazer aqui um paralelismo com o conceito de influência dominante que o direito societário utiliza para definir a relação de domínio eventualmente existente entre duas ou mais sociedades (à luz do art. 486º, nº 1 CSC) e, em particular, com alguns dos seus principais elementos constitutivos: a *estabilidade* e a *potencialidade*[29]. Do mesmo modo que o legislador societário não exige o exercício efetivo ou atual da influência dominante para aferir a existência de uma relação de domínio ou de controlo entre duas sociedades, também aqui não se pode exigir o exercício *efetivo* ou *atual* do controlo que a pessoa singular tem o poder de exercer para que esta possa ser identificada como beneficiário efetivo da sociedade. Esse controlo pode ser meramente *potencial* e, ainda assim, ser suficiente para se considerar preenchido o art. 3º da Lei nº 89/2017 e para os documentos que formalizam a constituição

[29] Neste ponto, seguimos de perto os ensinamentos de José A. Engrácia Antunes – *Os Grupos de Sociedades: Estrutura e Organização Jurídica da Empresa Plurissocietária*, 2ª Edição, Revista e Actualizada, Coimbra: Almedina, 2002, págs. 454-464, e José A. Engrácia Antunes – *Participações Qualificadas e Domínio Conjunto*, Porto: Publicações Universidade Católica, 2000, pág. 49. Note-se, porém, que o conceito de beneficiário efetivo não é sobreponível ao conceito de sócio dominante relevante para os efeitos do art. 486º do CSC, já que o primeiro será sempre uma pessoa ou pessoas singulares e o segundo uma sociedade (por quotas, anónima ou em comandita por ações, nos termos do art. 481º do CSC). Para mais, o controlo detido «em última instância» pelo beneficiário efetivo é mais abrangente do que as situações de influência dominante definidas no art. 486º, nº 2, do CSC. No mesmo sentido, *vide* Maria Elisabete Ramos – *Os Registos de Beneficiário Efetivo*, ROA, I-II, 2018, p. 333-376, em especial p. 348-349.

da sociedade terem de identificar o seu titular. À luz de um princípio fundamental de irrelevância da concretização do controlo, direto ou indireto, do beneficiário efetivo.

Mas não só. Atentemos, por um instante, na expressão «propriedade» que, neste contexto, é tantas vezes utilizada. Em primeiro lugar, parece-nos que melhor seria se o legislador tivesse utilizado outra expressão, como «titularidade» ou «detenção» de participações sociais e/ou do controlo da sociedade. A referência à «propriedade» das participações sociais e da sociedade, sem mais, faz reacender o problema da natureza jurídica da participação social. E como sabemos, "*... antes que poder ser concebida à imagem de uma qualquer comum "proprietas rerum" jusprivatista, não se pode perder de vista que a participação social traduz uma específica "propriedade corporativa" no sentido em que a conformação e o exercício das posições jurídicas activas e passivas que integra são sempre mediatizadas pela interposição de uma entidade corporativa (a sociedade comercial) dotada de uma personalidade e organização jurídicas próprias*"[30] e com autonomia patrimonial. Portanto, a expressão «propriedade» neste contexto deve ser sempre entendida enquanto «propriedade corporativa».

Depois, sempre se dirá que em algumas situações essa «propriedade» corresponde a uma simples «propriedade legal» ou «jurídica», entendida enquanto titularidade direta ou formal das participações sociais e dos respetivos direitos de voto, e noutros casos corresponde a uma verdadeira «propriedade económica», entendida enquanto direito ao retorno do investimento realizado, muitas vezes alcançado através da mera titularidade indireta ou material das participações sociais e dos respetivos direitos de voto. E sempre se dirá que, muito embora as duas possam coexistir e é desejável que tal aconteça, também não é menos verdade que nada impede que o beneficiário efetivo da sociedade seja titular de «votos vazios», sem a correspondente «propriedade económica», mas com o poder suficiente para se servir da estrutura societária como instrumento de ocultamento da sua identidade. Dir-se-ia que, nesse caso, os benefícios que ele retira da estrutura societária serão de outra natureza que não necessariamente económica. No final, podemos identificar como beneficiário efetivo alguém que é titular direto ou indireto de direitos de voto e, simultaneamente,

[30] José A. Engrácia Antunes – *A Aquisição Tendente ao Domínio Total: Da Sua Constitucionalidade*, Coimbra Editora, Coimbra, 2001, p. 9. Para um estudo mais atento da distinção que importa fazer entre «propriedade privada» e «propriedade corporativa», cfr. p. 110 e ss.

detentor da sua «propriedade económica»[31] ou alguém que tem uma titularidade «vazia» e não é detentor da «propriedade económica» das respetivas participações sociais. Tanto mais que, no que especificamente diz respeito às sociedades anónimas, a crescente inovação e difusão de certos instrumentos financeiros tem vindo a tornar usual a separação entre a «propriedade económica» das ações e o poder de voto que elas normalmente conferem (*decoupling of economic and voting ownership*)[32].

Não raras vezes, os investidores utilizam esses instrumentos para desenvolverem um fenómeno de *new vote buying*, a que correspondem duas estratégias contrapostas: por um lado, o *empty voting* ou o esvaziamento do voto de quaisquer interesses económicos, que ocorre sempre que os direitos de voto são atribuídos a quem não é o «proprietário económico» das ações; por outro lado, a *hidden (morphable) ownership* ou a separação entre a «propriedade jurídica» e a «propriedade económica» das ações, que ocorre sempre que o «proprietário económico» das ações não é o seu «proprietário jurídico», não tem nenhum direito legal de votar, mas ainda assim

[31] Referindo-se, igualmente, à possibilidade de os benefícios económicos de determinada organização serem aproveitados por alguém que não é o seu «proprietário legal» e distinguindo as duas abordagens (formal e material) que podem ser identificadas no conceito de beneficiário efetivo, *vide* Maria Elisabete Ramos – *Os Registos de Beneficiário Efetivo*, ROA, I-II, 2018, P. 333-376, em especial p. 339 e ss.

[32] Note-se que esta separação ou *decoupling* já era tradicionalmente conseguida através de outros mecanismos, como a emissão de ações preferenciais sem voto (arts. 341º e ss. CSC). Sobre os processos tradicionais por via dos quais poderá conferir-se a determinado acionista um poder de influência superior ao que normalmente lhe competiria em atenção à fração do capital social por si detida, *vide* Carlos Osório De Castro – *Participação no capital das sociedades anónimas e poder de influência*, Revista de Direito e de Estudos Sociais, Ano XXXVI – 1994, p. 333-356, em especial p. 344 e ss. Sobre o fenómeno de *decoupling*, *vide*, entre outros, Henry T. C. Hu / Bernard Black – *Hedge Funds, Insiders, and the Decoupling of Economic and Voting Ownership: Empty Voting and Hidden (Morphable) Ownership*, Journal of Corporate Finance, Vol. 13, 2007, p. 343-367, Guido Ferrarini – *Prestito Titoli e Derivati Azionari nel Governo Societario, in* AA.VV. – *La Società per Azioni Oggi: Tradizione, Attualità e Prospettive*, Vol. 2, Collana della Rivista delle Società (a cura di Guido Rossi), Milano: Giuffrè Editore, 2007, p. 629-667, Anish Monga – *Using Derivatives to Manipulate the Market for Corporate Control*, Stanford Journal of Law, Business & Finance, 12/1, Autumn 2006, p. 186-219, e Edward S. Adams – *Bridging the Gap Between Ownership and Control*, The Journal of Corporation Law, Volume 34, Number 1, Fall 2008, p. 409-445. Entre nós, cfr., por todos, José Engrácia Antunes – *Os "Hedge Funds" e o Governo das Sociedades, in* AA.VV. – *Direito dos Valores Mobiliários*, Vol. IX, Coimbra: Coimbra Editora, 2009, p. 9-70.

tem o poder de determinar o sentido do exercício dos direitos de voto[33]. O que, por si só, corresponde a um importante desvio ao princípio fundamental da proporcionalidade entre capital e voto que apoia o poder de voto no correspondente risco económico e na certeza de que, dessa forma, ele será exercido no melhor interesse da sociedade[34]. Mais importante ainda: não raras vezes, os investidores utilizam esses instrumentos para evitar as regras de transparência que se dirigem aos titulares formais das ações[35]. Compreende-se, portanto, que o legislador tenha querido abranger todas essas situações e tenha procurado identificar quem tem a possibilidade de influenciar a sociedade (servindo-se dela para prosseguir os seus próprios interesses), independentemente de ser titular direto ou indireto de direitos de voto «vazios» ou «não vazios» na perspetiva que temos vindo

[33] Reconhecendo, precisamente, que não podem ser considerados beneficiários efetivos de determinada sociedade pessoas indicadas nos registos como sendo sócios maioritários, mas que, de facto, atuam no interesse de outra pessoa, porque, em última instância, eles estão a ser usados por outra pessoa para exercer o controlo sobre a sociedade, *vide* Maria Elisabete Ramos – *Os Registos de Beneficiário Efetivo*, ROA, I-II, 2018, p. 333-376, em especial p. 342. Todas estas noções (*«empty voting»*, *«hidden (morphable) ownership»* e *«the new vote buying»* ou simplesmente «d*ecoupling*») foram especialmente desenvolvidas por Henry T. C. Hu / Bernard Black – *Hedge Funds, Insiders, and the Decoupling of Economic and Voting Ownership: Empty Voting and Hidden (Morphable) Ownership*, Journal of Corporate Finance, Vol. 13, 2007, p. 343-367. Entre nós, referindo-se à figura do "voto vazio" como a "... *titularidade de votos que não tem a si subjacente uma titularidade de capital* ...", *vide* José Engrácia Antunes – *Os "Hedge Funds" e o Governo das Sociedades*, *in* AA.VV. – *Direito dos Valores Mobiliários*, Vol. IX, Coimbra: Coimbra Editora, 2009, p. 9-70, em especial p. 68.

[34] Nas palavras de Frank H. Easterbrook / Daniel R. Fischel – *The Economic Structure of Corporate Law*, Fourth Printing, Cambridge – Massachusetts: Harvard University Press, 1998, p. 73, "*the presumptively equal voting right attached to shares is (...) a logical consequence of the function of voting ...*": "*those with disproportionate voting power will not receive shares of the residual gains or losses from new endeavors and arrangements commensurate with their control; as a result, they will not make optimal decisions*".

[35] Salientando que o recurso a estas técnicas de «*new vote buying*» "... *can also be used to hold both economic ownership and* de facto *voting ownership while avoiding the disclosure rules that address direct positions in shares*", *vide* Henry T. C. Hu / Bernard Black – *Hedge Funds, Insiders, and the Decoupling of Economic and Voting Ownership: Empty Voting and Hidden (Morphable) Ownership*, Journal of Corporate Finance, Vol. 13, 2007, p. 343-367. Entre nós, reconhecendo que o recurso a certos instrumentos financeiros pode encobrir uma estratégia orientada à conquista do controlo de uma sociedade, garantindo ao investidor uma espécie de «titularidade oculta» das participações sociais, deixando os sócios reduzidos à mera «detenção formal» dos direitos de voto, *vide* Nuno Trigo dos Reis – *As obrigações de votar segundo instruções de terceiro no direito das sociedades*, RDS, Número 2, Ano III, 2011, p. 403-574, em especial p. 423-426.

a descrever e independentemente da sua «propriedade» ser «económica» ou meramente «legal»[36].

Uma última nota é devida para procurar esclarecer a razão pela qual a alínea *c)* do nº 1 do art. 30º, da Lei nº 83/2017, manda considerar como beneficiário efetivo a pessoa ou as pessoas singulares que detêm a direção de topo, se, depois de esgotados todos os meios possíveis e na condição de não haver motivos de suspeita, não tiver sido identificada nenhuma pessoa nos termos dos critérios anteriores ou subsistirem dúvidas de que a pessoa ou pessoas identificadas sejam, de facto, os beneficiários efetivos[37]. Naturalmente que a circunstância de uma determinada pessoa ocupar um cargo no seio de uma sociedade que lhe atribui funções de «direção de topo» não pode ser considerada justificação suficiente para se presumir que essa mesma pessoa tem a «propriedade» ou o «controlo» da sociedade e está em condições de a colocar ao serviço dos seus interesses de anonimato, branqueamento de capitais, financiamento do terrorismo ou outros, quaisquer que eles sejam, lícitos ou ilícitos. A «direção de topo» é aqui entendida enquanto cargo que é ocupado por «um dirigente ou funcionário com conhecimentos suficientes da exposição da instituição ao risco de branqueamento de capitais e de financiamento do terrorismo e com um nível hierárquico suficientemente elevado para tomar decisões que afetem a exposição ao risco, não sendo necessariamente, em todos os casos, um membro do conselho de administração»[38]. Por ser assim, parece-nos que aquela razão só poderá ser uma: a de procurar identificar, pelo menos, alguém que possui os conhecimentos necessários para revelar não só o verdadeiro beneficiário efetivo, como também qualquer possível situação de branqueamento de capitais e de financiamento do terrorismo. E que, nessa qualidade, possa servir de fonte informativa às autoridades judiciárias, policiais e setoriais no âmbito e no exercício das respetivas atribuições legais.

[36] No mesmo sentido, salientando que o conceito de beneficiário efetivo é um conceito mais abrangente do que o de «propriedade legal» ou de «controlo», *vide* MARIA ELISABETE RAMOS – *Os Registos de Beneficiário Efetivo*, ROA, I-II, 2018, p. 333-376, em especial p. 341-342.

[37] Ou, ainda, num exemplo apontado por MARIA ELISABETE RAMOS – *Os Registos de Beneficiário Efetivo*, ROA, I-II, 2018, p. 333-376, em especial p. 351, quando se apura que a sociedade em causa não tem nenhum beneficiário efetivo, porque, por exemplo, se trata de uma sociedade anónima com 100 sócios pessoas singulares, cada um deles titular de 1% do capital social, não existem outros instrumentos de controlo, nem se verificam situações de propriedade indireta.

[38] Cfr. art. 3º, nº 12, da Diretiva (UE) 2015/849.

3. O caso específico das sociedades com ações admitidas à negociação em mercado regulamentado: participações qualificadas, imputação de direitos de voto, participantes e beneficiários efetivos

Dizíamos nós que, de acordo com os critérios estabelecidos no art. 30º da Lei nº 83/2017, devemos considerar como beneficiários efetivos de entidades societárias (quando não sejam sociedades com ações admitidas à negociação em mercado regulamentado sujeitas a requisitos de divulgação de informações consentâneos com o direito da União Europeia ou sujeitas a normas internacionais equivalentes que garantam suficiente transparência das informações relativas à propriedade) a pessoa ou pessoas singulares que, em última instância, detêm a propriedade ou o controlo, direto ou indireto, de uma percentagem suficiente de ações ou dos direitos de voto ou de participação no capital dessa entidade; a pessoa ou pessoas singulares que exercem controlo por outros meios sobre essa entidade; e a pessoa ou pessoas singulares que detêm a direção de topo, se, depois de esgotados todos os meios possíveis e na condição de não haver motivos de suspeita, não tiver sido identificada nenhuma pessoa nos termos dos critérios anteriores ou subsistirem dúvidas de que a pessoa ou pessoas identificadas sejam, de facto, os beneficiários efetivos.

Note-se que o legislador ressalva as *sociedades com ações admitidas à negociação em mercado regulamentado sujeitas a requisitos de divulgação de informações consentâneos com o direito da União Europeia ou sujeitas a normas internacionais equivalentes que garantam suficiente transparência das informações relativas à propriedade* e não poderia deixar de ser assim, tendo em conta que o art. 4º, alínea *f)*, do RJRCBE, exclui do âmbito de aplicação do Regime (e, portanto, também da obrigação legal de declaração do seu beneficiário efetivo), precisamente, todas «as sociedades com ações admitidas à negociação em mercado regulamentado, sujeitas a requisitos de divulgação de informações consentâneos com o direito da União Europeia ou sujeitas a normas internacionais equivalentes, que garantam suficiente transparência das informações relativas à titularidade das ações, bem como as suas representações permanentes». E fá-lo, como resulta do próprio texto da lei, por considerar que, em razão das normas aplicáveis, já se encontra garantida, no que a este tipo de entidades societárias diz respeito, a suficiente e atualizada transparência[39].

[39] No mesmo sentido, cfr. MARIA ELISABETE RAMOS – *Os Registos de Beneficiário Efetivo*, ROA, I-II, 2018, p. 333-376, em especial p. 355, e MARIA ELISABETE RAMOS – *Controlo de identidade dos sócios – alguns problemas recentes*, V Congresso DSR (2018), p. 65-105, em especial p. 83.

Se assim é, importa saber que normas são essas que são aplicáveis às sociedades emitentes de ações admitidas à negociação em mercado regulamentado[40] e não são aplicáveis às sociedades civis e demais sociedades comerciais[41] que, na ausência de quaisquer outros regimes de transparência, estão sujeitas ao RCBE (nos termos do art. 3º, nº 1, alínea *a)*, do RJRCBE), sem distinção em função do seu tipo societário, capital social, caráter uni ou pluripessoal, ou sequer da sua dimensão[42].

Por serem sociedades com o capital aberto ao investimento do público, as exigências de transparência e de informação são, como desde sempre foram, naturalmente, acrescidas. Razão pela qual facilmente se compreende que a entrada em vigor do CVM, e a consequente revogação do até então vigente CódMVM, a par de um aprofundamento da autonomia do regime das «sociedades abertas»[43], tenha determinado o reforço

[40] De ora em diante, simplesmente, sociedades emitentes.

[41] Ficando, portanto, de fora todas as normas de transparência que se aplicam às sociedades comerciais não emitentes. Como o art. 9º, nº 1, alínea *a)*, do CSC, que se refere à identidade de «todos os sócios fundadores» enquanto elemento obrigatório do contrato de sociedade; o art. 171º, nº 1, do CSC, que obriga as sociedades a mencionar, em todos os atos externos, a sua firma (divulgando, por essa via e no caso das sociedades em nome coletivo, o nome ou firma de, pelo menos, um dos seus sócios); o art. 177º, nº 1, do CSC, que manda individualizar, na firma da sociedade em nome coletivo, quando não «todos os sócios», pelo menos o «nome ou firma de um deles»; os arts. 200º e 275º, do CSC, que, a propósito, respetivamente, das sociedades por quotas e sociedades anónimas, permitem que a firma de qualquer uma dessas sociedades seja formada pelo «nome ou firma de todos, algum ou alguns sócios» e que, quando aplicados em conjunto com o referido art. 171º, nº 1, permitem a divulgação da identidade desses mesmos sócios através da divulgação da própria firma; ou o art. 467º, nº 1, do CSC, que cumpre a mesma função de identificação de, pelo menos, «um dos sócios comanditados» da sociedade em comandita (simples ou por ações) que vimos o art. 177º, nº 1, conjugado com o art. 171º, nº 1, cumprir. Mas também o art. 447º, do CSC, que impõe aos membros dos órgãos de administração e de fiscalização de qualquer sociedade anónima o dever de comunicar à sociedade o número de ações e de obrigações da sociedade de que são titulares; o art. 484º, nº 1, do CSC, que, no âmbito dos grupos de sociedades ou sociedades coligadas, obriga as sociedades em relação de simples participação a comunicar, por escrito, a outra sociedade todas as aquisições e alienações de quotas ou ações desta que tenham efetuado a partir do momento em que se estabelece aquela relação; ou o art. 486º, nº 3, do CSC, que regula a publicação ou declaração de participações de sociedades em relação de domínio.

[42] Cfr. Maria Elisabete Ramos – *Os Registos de Beneficiário Efetivo*, ROA, I-II, 2018, p. 333-376, em especial p. 355, e Maria Elisabete Ramos – *Controlo de identidade dos sócios – alguns problemas recentes*, V Congresso DSR (2018), p. 65-105, em especial p. 83.

[43] Relembre-se que a entrada em vigor da Lei nº 99-A/2021, de 31 de dezembro, determinou a revogação do art. 13º do CVM, extinguindo as «sociedades abertas» e eliminando o regime

da "... *transparência da sua direcção e do seu controlo, nomeadamente no que respeita à divulgação das participações qualificadas e dos acordos parassociais*"[44]. A imposição do dever de comunicação de tais participações nas sociedades abertas justificava-se, como ainda hoje se justifica nas sociedades emitentes, pela possibilidade de os acionistas com posições de controlo influenciarem a sua gestão, sendo essa mesma gestão determinante para o preço dos valores em mercado, para a avaliação dos riscos de uma eventual decisão de investimento ou de desinvestimento de possíveis e/ou atuais investidores, para o alcance das garantias prestadas aos credores, para a otimização do desempenho da sociedade e, até, para o regular funcionamento do mercado de capitais[45].

legal específico das sociedades com o capital aberto ao investimento do público cujas ações e obrigações não se encontravam admitidas à negociação no mercado regulamentado. Neste ponto, cfr. PAULO OLAVO CUNHA – *As alterações introduzidas no Direito das Sociedades Comerciais pela reforma do Código dos Valores Mobiliários*, DSR, ano 13, vol. 27 (2022), p. 211-219, em especial p. 214 e ss.

[44] Cfr. o ponto 8 do Preâmbulo do *Anteprojecto de Decreto-Lei que aprova o Código dos Valores Mobiliários, in* MINISTÉRIO DAS FINANÇAS / COMISSÃO DO MERCADO DE VALORES MOBILIÁRIOS – *Trabalhos Preparatórios do Código dos Valores Mobiliários*, Lisboa, 1999, p. 173 e ss., em especial p. 178.

[45] Salientando a importância, tanto para a vida interna das sociedades, como para o mercado de valores mobiliários, da informação relativa às aquisições e alienações de participações qualificadas, por considerar que a proteção dos interesses dos restantes participantes e acionistas da sociedade visada e, por inerência, do próprio mercado, depende da inexistência de assimetrias informativas, *vide* PEDRO BOULLOSA GONZALEZ – *Deveres de comunicação de participações qualificadas*, CadMVM, nº 34, Dezembro de 2009, p. 88-109, em especial p. 103 e 109. Nas palavras do autor, os "... *objectivos de transparência assumem uma relevância autónoma no âmbito do regular funcionamento do mercado de valores mobiliários, (...) são instrumentais relativamente à fiscalização do cumprimento de uma série de outros deveres, como (...) o dever de lançamento de Oferta Pública de Aquisição obrigatória* ...", e contribuem para a "... *consolidação e aperfeiçoamento do mercado único Europeu nos domínios dos serviços financeiros e do mercado de capitais*". Em particular, "*o dever de comunicação à sociedade participada destina-se a proteger o interesse dos restantes participantes e accionistas e dos órgãos sociais dessa sociedade e, por inerência, do mercado, com o objectivo de evitar assimetrias informativas, desta forma assegurando a transparência e o regular funcionamento do mercado* ...", enquanto "... *o dever de comunicação à CMVM visa garantir a integridade e actualidade de informação prestada à supervisão*". Neste ponto, *vide*, ainda, JOSÉ A. ENGRÁCIA ANTUNES – *Os Grupos de Sociedades: Estrutura e Organização Jurídica da Empresa Plurissocietária*, 2ª Edição, Revista e Atualizada, Coimbra: Almedina, 2002, em especial p. 329 e ss., e JOSÉ A. ENGRÁCIA ANTUNES – *Participações Qualificadas e Domínio Conjunto*, Porto: Publicações Universidade Católica, 2000, p. 29-30.

Partindo dessa premissa, o art. 16º do CVM foi, e continua a ser, a sede normativa do dever de comunicação de participações qualificadas. Na atual redação, o seu nº 1 determina que «quem atinja ou ultrapasse participação de 5/prct., 10/prct., 15/prct., 20/prct., 25/prct., um terço, metade, dois terços e 90/prct. dos direitos de voto correspondentes ao capital social de uma sociedade emitente de ações admitidas à negociação em mercado regulamentado referida no nº 1 do art. 13º-B e quem reduza a sua participação para valor inferior a qualquer daqueles limiares, comunica esse facto à sociedade participada e à CMVM, o mais rapidamente possível e no prazo máximo de quatro dias de negociação após o dia da ocorrência do facto ou do seu conhecimento». O que significa que estamos perante um dever cujo nascimento depende da verificação de dois pressupostos: a circunstância de se tratar de uma sociedade emitente e a *detenção* de uma participação igual ou superior a uma das percentagens legalmente consideradas como qualificadas. Ou, em alternativa, a circunstância de se tratar de uma sociedade emitente e a *redução* da participação detida para valor inferior a qualquer uma daquelas percentagens. Sendo certo que, no cômputo dessa participação, são considerados os direitos de voto inerentes a valores mobiliários pertencentes a terceiros, nos *termos do nº 1 do art. 20º* do CVM[46]. E sendo ainda certo que o art. 20º, nº 1, do CVM para onde este art. 16º nos remete, contém o elenco dos critérios de imputação de direitos de voto[47].

[46] Cfr. art. 16º, nº 4, alíneas *b)* e *c)*, do CVM.

[47] Note-se que os critérios de imputação consagrados no CVM não se limitam a servir de pressuposto ao nascimento de deveres de comunicação: por força da remissão que o art. 187º, nº 1, faz para o art. 20º, nº 1, eles servem simultaneamente como regras de cálculo das participações qualificadas que, quando ultrapassam um terço ou metade dos direitos de voto correspondentes ao capital social em sociedade emitente de ações admitidas à negociação em mercado regulamentado referida no nº 1 do art. 13º-B, determinam para os respetivos detentores a obrigatoriedade de lançamento de OPA sobre a totalidade das ações e de outros valores mobiliários emitidos por essa sociedade que confiram direito à sua subscrição ou aquisição. E não só. Para além desta «dupla funcionalidade», os critérios de imputação do CVM servem, ainda, outras funções (cfr., a título de exemplo, os arts. 173º, nº 4, 180º, nº 1, 185º, nº 2, 190º, nº 2, e 194º, nº 1), pelo que o mais correto será falar-se de uma «funcionalidade plural» dos critérios de imputação. A este propósito, cfr. DANIELA FARTO BAPTISTA – *A Atuação Concertada como Fundamento de Imputação de Direitos de Voto no Mercado de Capitais*, Universidade Católica Editora, Porto, 2016, em especial p. 580 e ss.

Para além deste dever de comunicação, a Lei nº 99-A/2021, de 31 de dezembro, aditou um novo preceito ao CVM, o art. 21º-E. Através do seu nº 1, o legislador mobiliário passou a reconhecer às sociedades emitentes o direito de lhes ser prestada informação relativa à identidade dos seus acionistas, pela entidade gestora do sistema centralizado ou por quaisquer intermediários financeiros prestadores dos serviços previstos na alínea *a)* do art. 291º, em qualquer momento, para poderem comunicar diretamente com os mesmos e facilitar o exercício dos direitos inerentes às suas ações e o seu envolvimento na sociedade[48]. Todavia, parece-nos por demais evidente que não é o art. 21º-E do CVM que garante, no que a este tipo de entidades societárias diz respeito, a suficiente e atualizada transparência que é necessária para justificar a não sujeição de tais entidades ao RCBE.

Por um lado, porque os regimes jurídicos das demais sociedades comerciais também permitem que essas sociedades conheçam, em qualquer momento, a identidade dos titulares das participações sociais por elas emitidas. Seja pelo simples facto de o art. 9º, nº 1, alínea *a)*, do CSC, enumerar a identidade de «todos os sócios fundadores» como elemento obrigatório do contrato de sociedade; seja porque, no âmbito das sociedades em nome coletivo, a transmissão das partes sociais deve ser reduzida a escrito e só se torna eficaz para com a sociedade quando lhe é comunicada por escrito ou é por ela reconhecida, expressa ou tacitamente[49]; seja ainda porque, no âmbito das sociedades por quotas, a transmissão de quotas entre vivos também deve ser reduzida a escrito e não produz efeitos para com a sociedade enquanto não for consentida por esta, a não ser que se trate de cessão entre cônjuges, entre ascendentes e descendentes ou entre sócios, casos em que a transmissão só se torna eficaz para com a sociedade quando lhe é comunicada por escrito ou é por ela reconhecida, expressa ou tacitamente[50]. Enfim, seja, a final, porque, como tão bem sabemos, o desaparecimento das ações ao portador, imposto pela Lei nº 15/2017, de 3 de maio, determinou a obrigatoriedade de todas as ações passarem a ser

[48] Note-se que os novos arts. 21º-E a 21º-H do CVM correspondem a uma reformulação da matéria que já era regulada, até à entrada em vigor da Lei nº 99-A/2021, de 31 de dezembro, nos arts. 29º-B a 29º-E do CVM. Neste ponto, cfr. PAULO OLAVO CUNHA – *As alterações introduzidas no Direito das Sociedades Comerciais pela reforma do Código dos Valores Mobiliários*, DSR, ano 13, vol. 27 (2022), p. 211-219, em especial p. 216 e ss.

[49] Cfr. art. 182º, nºs 2 e 4, do CSC.

[50] Cfr. art. 228º do CSC.

nominativas, criando as condições necessárias para as sociedades anónimas poderem conhecer, a todo o tempo, a identidade dos seus titulares e tornando desnecessário o recurso a outros mecanismos de publicitação de participações acionistas, como aquele que era imposto, até então, pelo art. 448º do CSC. Por outro lado, e mais importante ainda, porque, com vimos, o facto de a sociedade conhecer a identidade dos titulares formais das participações sociais não é suficiente para permitir identificar os seus beneficiários efetivos que, tantas vezes, controlam a maioria dos direitos de voto na sequência de um acordo concluído com algum ou alguns dos sócios da sociedade, sendo apenas titulares indiretos de direitos de voto, ou têm a possibilidade de controlar os destinos societários porque, por exemplo, celebraram um contrato que lhes atribui o direito de exercer uma influência dominante sobre a sociedade.

O mesmo vale por dizer que os *requisitos de divulgação de informações consentâneos com o direito da União que garantem suficiente transparência das informações relativas à «propriedade» das sociedades emitentes* são necessariamente aqueles que resultam da previsão e cumprimento dos deveres de comunicação de participações qualificadas. E compreende-se que seja assim. Afinal, o «participante» titular das participações qualificadas que, nos termos do art. 16º, nº 1 do CVM, têm de ser comunicadas, mais não é do que o *beneficiário efetivo das sociedades emitentes.*

Ora, o CVM não define o que entende por «participante»: nalguns casos, designa o participante que também é oferente apenas como «aquele» cuja participação em sociedade emitente de ações admitidas à negociação em mercado regulamentado referida no nº 1 do art. 13º-B ultrapassa, directamente ou nos termos do nº 1 do art. 20º, um terço ou metade dos direitos de voto correspondentes ao capital social (e que, por essa razão, tem o dever de lançar imediatamente uma OPA sobre a totalidade das ações e de outros valores mobiliários emitidos por essa sociedade que confiram direito à sua subscrição ou aquisição)[51]. E no âmbito dos deveres de transparência identifica-o, como sabemos, com «quem» atinge ou ultrapassa participação de 5%, 10%, 15%, 20%, 25%, um terço, metade, dois terços e 90% dos direitos de voto correspondentes ao capital social de uma sociedade emitente e com «quem» reduz a sua participação para valor inferior a qualquer desses limiares[52].

[51] Cfr. o art. 187º, nº 1, do CVM.

[52] Cfr. o art. 16º, nº 1, do CVM.

Naturalmente que esta opção por uma certa indefinição não é exclusiva do legislador português. Expressões como «*person(s)*», «*Wer*» e «*Dritten*», «*personne physique ou morale*» e «*personnes*», «*chiunque*», «*coloro*» e «*soggetto*», ou «*quien*» são usadas noutros ordenamentos jurídicos para designar o participante (esteja ele obrigado ao lançamento de uma OPA ou à comunicação da sua participação qualificada)[53]. Sendo, na verdade, poucos os legisladores que completam essa referência com uma explicitação dos conceitos subjacentes[54]. E esta utilização propositada de expressões tão indefinidas pela generalidade dos legisladores europeus e, em particular, pelo legislador português, tem a enorme vantagem de permitir que todas as relações de proximidade presentes ou futuras capazes de atribuir a alguém o poder de exercer uma influência dominante sobre a sociedade possam ser abrangidas pela norma de imputação independentemente de quaisquer limites legais relacionados com a qualidade das partes, sejam eles mais ou menos formais e mais ou menos ultrapassados ou ultrapassáveis pela constante sofisticação dos intervenientes e dos seus comportamentos[55].

O certo é que quando o art. 20º, nº 1, do CVM, manda considerar no cômputo das participações qualificadas do «participante» os direitos de voto detidos por aqueles que com ele participam em tais relações de proximidade, fá-lo porque reconhece a dissociação que tantas vezes ocorre entre a titularidade das participações sociais e a legitimidade para influenciar o

[53] Para um estudo mais atento dos critérios de imputação de direitos de voto consagrados em alguns dos principais ordenamentos jurídicos europeus (do Reino Unido, Alemanha, França, Itália e Espanha) tendo, precisamente, em vista a identificação dos titulares de participações qualificadas, *vide* Daniela Farto Baptista – *A Atuação Concertada como Fundamento de Imputação de Direitos de Voto no Mercado de Capitais*, Universidade Católica Editora, Porto, 2016, em especial p. 51 e ss.

[54] Neste ponto, cfr. Daniela Farto Baptista – *A Atuação Concertada como Fundamento de Imputação de Direitos de Voto no Mercado de Capitais*, Universidade Católica Editora, Porto, 2016, em especial p. 219 e ss.

[55] Salientando, precisamente, que quase todas as situações constantes do art. 20º, nº 1, do CVM, prescindem de apresentar as características típicas do titular dos direitos de voto e do participante, pela necessidade de se "*... evitar, na maior medida possível, que uma situação que materialmente levaria à imputação de direitos de voto acabe por esbarrar numa limitação legal*", tanto mais que "*a juventude do direito dos valores mobiliários, aliada à contínua sofisticação de intervenientes e processos, impõe que não sejam criadas restrições que até fazem sentido no presente, mas que, no futuro, podem deixar a descoberto situações que, se pudessem ter sido previstas, teriam sido diferentemente reguladas*", *vide* Hugo Moredo Santos – *Transparência, OPA Obrigatória e Imputação de Direitos de Voto*, Coimbra: Coimbra Editora, 2011, p. 366-367.

exercício dos direitos de voto que está na base de todo o regime de imputação[56]. E também o faz, porque reconhece que nem sempre quem detém formalmente os direitos de voto (e, como tal, tem o poder legal de votar) é quem efetivamente os exerce de forma discricionária ou é livre de escolher o seu sentido, sem estar sujeito às instruções e à influência de outra pessoa. Tal como vimos suceder quando o legislador manda considerar todas as formas de «propriedade», de «controlo indireto» e de «controlo por outros meios» para apurar o *beneficiário efetivo* das sociedades sujeitas ao RCBE. Em ambos os casos, fá-lo porque admite que o «participante» ou «beneficiário efetivo» pode não ser formalmente titular de nenhum direito de voto, pode não ser sócio da sociedade visada e, ainda assim, pode ter o poder de determinar o sentido dos seus votos e de influenciar, por essa forma, os desígnios sociais.

Estamos, portanto, perante um regime (de imputação) cuja razão de ser reside, precisamente, na necessidade sentida pelo legislador mobiliário de conhecer e divulgar o «participante» que é, afinal, o *beneficiário efetivo* e que pode ter aquele poder mesmo sem ser acionista[57]. Que é titular

[56] Neste ponto, cfr. Paula Costa e Silva – *A imputação de direitos de voto na oferta pública de aquisição*, *in* AA.VV. – *Jornadas Sociedades Abertas, Valores Mobiliários e Intermediação Financeira*, Coimbra: Almedina, 2007, p. 243-282, em especial p. 247-248.

[57] Reconhecendo que "*para se ser considerado participante não será necessário ser-se titular de uma participação social, isto é, ser-se-á participante em função do estipulado no art. 20º/1 do CVM e respectivas alíneas, independentemente de se ser ou não accionista*", *vide* Orlando Vogler Guiné – *Do contrato de gestão de carteiras e do exercício do direito de voto: OPA obrigatória, comunicação de participação qualificada e imputação de direitos de voto*, *in* AA.VV. – *Direito dos Valores Mobiliários*, Vol. VIII, Coimbra: Coimbra Editora, 2008, p. 151-181, em especial nota 90, p. 175-176. No mesmo sentido, salientando que o dever de lançamento de OPA pode constituir-se perante quem nem sequer é, tecnicamente, sócio da sociedade emitente dos valores visados pela oferta e considerando que não poderia deixar de ser assim, porque para efeitos do art. 187º do CVM o que releva é a imputação de direitos de voto que ocorre ao abrigo do art. 20º do CVM e este preceito não exige a titularidade direta de ações, *vide* por todos, Paulo Câmara – *O Dever de Lançamento de Oferta Pública de Aquisição no Novo Código dos Valores Mobiliários*, CadMVM, nº 7, Abril de 2000, p. 197-268, em especial p. 221. Ainda no mesmo sentido, realçando que o art. 20º do CVM "*... manda juntar aos votos do participante aqueles outros que lhe devem ser imputados, como admitindo que os votos do participante, antes da imputação, sejam iguais a zero*", e que o art. 16º "*... afirma existir uma imputação de direitos de voto, não só a alguém que nenhum direito de voto tem antes da imputação, como àquele que, para além de não ter direitos de voto antes da imputação, mesmo depois dela continua a tê-los num plano estritamente formal*", *vide* Paula Costa e Silva – *Direito dos Valores Mobiliários: Relatório*, Lisboa: Coimbra Editora, 2005, p. 244. Nas palavras de Hugo Moredo Santos – *Transparência, OPA Obrigatória e Imputação de Direitos de Voto*, Coimbra:

de uma participação qualificada e «participa» (por isso se diz que é «participante») na determinação dos destinos da sociedade, através de uma qualquer relação de proximidade que o une aos titulares formais dos seus direitos de voto[58]. Ou que está no limite de uma corrente (cadeia de imputações) mais ou menos longa de titulares indiretos ou interpostos de direitos de voto[59] que lhe permite, mesmo sem sequer se relacionar imediatamente com os titulares formais dos direitos de voto, dispor do poder de os influenciar[60]. E que, em última instância, lhe permite beneficiar (por isso dizemos que é também *beneficiário efetivo*) da estrutura societária para, por exemplo, ocultar a sua identidade.

Na realidade, estamos perante um novo conceito de acionista indireto (participante e beneficiário efetivo) que já não se refere apenas ao modelo tradicional de detenção indireta de direitos de voto ou de participação numa sociedade através de outra sociedade, dependente ou dominada. Muito pelo contrário. No âmbito do regime de imputação e de transpa-

Coimbra Editora, 2011, p. 365, o único propósito do art. 20º, nº 1, do CVM "... *é, para além de apurar a existência de ligações entre accionistas, descortinar as situações em que um não accionista pode interferir na sociedade*".

58 Como acontecerá, por exemplo, quando esses titulares lhe conferem poderes discricionários para o exercício de tais direitos (cfr. a alinea *g)*, do nº 1 do art. 20º do CVM). No mesmo sentido, reconhecendo que a razão da escolha da palavra «participante» também parece residir no seu sentido mais corrente de "... *tomar parte em* ..." ou de "... *associar-se a* ...", já que "*estes vocábulos transmitem a ideia de que a alguém são atribuídos direitos de voto porque essa pessoa, através de uma ligação estabelecida com outra, pode ter um interesse em intervir na sociedade*", *vide* HUGO MOREDO SANTOS – *Transparência, OPA Obrigatória e Imputação de Direitos de Voto,* Coimbra: Coimbra Editora, 2011, p. 365.

59 Na verdade, numa corrente de imputações sucessivas é perfeitamente possível que o «terceiro» ou a «pessoa» «titular dos direitos de voto» imputados em último lugar ao participante não seja, ele próprio, um acionista da sociedade participada, mas sim um simples titular indireto de tais direitos. Com a única particularidade de, nesse caso, a sua titularidade indireta ser uma titularidade interposta e vazia, incapaz de lhe conceder o poder de controlar efetivamente o exercício dos votos, mas determinante para o distinguir do participante final não acionista. Neste ponto, cfr. DANIELA FARTO BAPTISTA – *A Atuação Concertada como Fundamento de Imputação de Direitos de Voto no Mercado de Capitais,* Universidade Católica Editora, Porto, 2016, em especial p. 221 e ss.

60 Cfr. o art. 20º, nº 1, alínea *j)*, do CVM. Salientando a importância de a imputação ir "... *até onde for necessário para que se determine quem domina, efectivamente, a sociedade visada*", *vide* PAULA COSTA E SILVA – *A imputação de direitos de voto na oferta pública de aquisição, in* AA.VV. – *Jornadas Sociedades Abertas, Valores Mobiliários e Intermediação Financeira,* Coimbra: Almedina, 2007, p. 243-282, em especial p. 279.

rência de participações qualificadas, estamos perante um conceito de acionista indireto ou de quase-acionista que abrange necessariamente todo o «participante» que, em virtude de uma relação de proximidade ou de uma cadeia de relações, está em condições de exercer pelo menos alguns dos atributos normalmente associados à qualidade de sócio e, eventual e reciprocamente, está em condições de suportar os riscos inerentes a essa condição[61]. Mais. Estamos perante um conceito de acionista indireto que pode (leia-se deve) ser considerado o *beneficiário efetivo* da sociedade emitente, que, em última instância, detém a sua propriedade ou controlo e que, enquanto tal, está em condições de a utilizar como instrumento para a prossecução dos seus próprios interesses e em seu próprio benefício económico ou de qualquer outra natureza.

Assim se compreende que para identificar esse acionista indireto / participante / beneficiário efetivo, o legislador mobiliário tenha recorrido a um conjunto de critérios de imputação baseados na simples *possibilidade* abstrata de influência que determinada pessoa pode exercer sobre determinados direitos de voto, contabilizando-os no cômputo da sua participação qualificada. E assim se compreende que, na norma de imputação (art. 20º, nº 1, do CVM), o mesmo legislador tenha optado por tipificar, em prol da certeza e da segurança jurídicas, as situações que justificavam claramente a imputação de direitos de voto no momento em que a norma foi redigida (e/ou alterada), deixando em aberto, através da inclusão de uma cláusula geral (alínea *h)* do referido nº 1), a possibilidade de o intérprete/julgador considerar relevantes outras formas mais complexas e encobertas de coordenação de interesses e de comportamentos. Com a enorme vantagem de, por essa via, consagrar um regime de transparência suficientemente amplo para captar todas as formas de colaboração relevantes, no cumprimento da sua finalidade de combate às tentativas de fraude e de evasão e, agora também, de branqueamento de capitais e de financiamento do terrorismo, sem ser tão demasiadamente abrangente que possa ter efeitos paralisantes para o mercado de capitais, pela simples ameaça das obrigações que decorrem da sua existência[62].

[61] Cfr. Frédéric Forgues – *L'actionnaire Indirect*, Thèse de Doctorat, Lille: ANRT – Atelier National de Reproduction des Thèses, 2002, p. 4 e 15.

[62] Para um estudo mais atento do art. 20º, nº 1, do CVM, enquanto norma de imputação, bem como de cada um dos seus critérios, cfr. Daniela Farto Baptista – *A Atuação Concertada*

4. Os critérios de imputação de direitos de voto enquanto critérios de aferição da qualidade de beneficiário efetivo

Pois bem. Já aqui se disse que os *requisitos de divulgação de informações consentâneos com o direito da União que garantem suficiente transparência das informações relativas à «propriedade» das sociedades emitentes* são necessariamente aqueles que resultam da previsão e cumprimento dos deveres de comunicação de participações qualificadas. E também se disse que o legislador considerou que, em razão das normas aplicáveis, já se encontrava garantida, no que àquele tipo de entidades societárias diz respeito, a suficiente e atualizada transparência. Mais: já aqui se disse que, para identificar o acionista indireto que é também o participante e beneficiário efetivo das sociedades emitentes, o legislador mobiliário recorreu a um conjunto de critérios de imputação baseados na simples possibilidade abstrata de influência que determinada pessoa pode exercer sobre determinados direitos de voto, contabilizando-os no cômputo da sua participação qualificada.

Chegados até aqui, a única questão que se coloca é a de se saber se esses critérios de imputação poderão (leia-se deverão) ser utilizados para os efeitos de aferição da qualidade de beneficiário efetivo, como outros indicadores de controlo ou demais circunstâncias que possam indiciar um controlo por outros meios, quando está em causa, por exemplo, uma simples sociedade por quotas ou sociedade anónima não emitente. Poderá o intérprete socorrer-se deles a par da definição consagrada no art. 2º, nº 1, alínea *h)*, da Lei nº 83/2017, dos critérios estabelecidos no art. 30º da mesma Lei, e dos critérios estabelecidos no art. 22º, nºs 1 a 5, da Diretiva 2013/34/EU do Parlamento Europeu e do Conselho? Poder-se-á aceitar que o recurso a esses critérios determine que seja identificado como beneficiário efetivo alguém que, se esse recurso não fosse possível, nunca seria identificado como tal? E que o contrário também aconteça, isto é, que o recurso aos critérios de aferição da qualidade de beneficiário efetivo e, sobretudo, a sua declaração seja decisiva para identificar como participante alguém que, se esse recurso não fosse possível, manteria em segredo a sua participação?

Parece-nos sinceramente que sim. Ainda que com as necessárias adaptações e com as limitações decorrentes, por um lado, do facto de, em alguns casos, como os das alíneas *e)* e *i)* do nº 1 do art. 20º do CVM, a imputação

como Fundamento de Imputação de Direitos de Voto no Mercado de Capitais, Universidade Católica Editora, Porto, 2016, em especial p. 121 e ss. e p. 195 e ss.

de direitos de voto apenas ser gerada por ações já emitidas por sociedade emitente, ficando assim excluídos todos os direitos de voto inerentes a ações que não se encontram admitidas à negociação em mercado regulamentado e, consequentemente, excluída a sua aplicação neste contexto[63]. E ainda que com as limitações decorrentes, por outro lado, do facto de o beneficiário efetivo ser uma pessoa singular e o participante poder ser uma pessoa coletiva. E que se traduzem, desde logo, na impossibilidade de aplicação, também neste contexto, de parte do critério consagrado na alínea *b)* do nº 1 do art. 20º do CVM, bem como do critério consagrado na alínea *d)* da mesma norma de imputação.

O primeiro, apenas quando manda considerar, no cômputo das participações qualificadas, além dos inerentes às ações de que o participante tenha a titularidade ou o usufruto, os direitos de voto detidos por sociedade a este subordinada, no contexto de uma relação de grupo. E isto porque, para efeitos do CVM, o art. 21º, nº 4, considera em relação de grupo as sociedades como tal qualificadas pelo CSC, independentemente de as respetivas sedes se situarem em Portugal ou no estrangeiro. E o CSC, por sua vez, regula as sociedades em relação de grupo nos arts. 488º e ss., depois de o art. 481º, nº 1, começar por esclarecer que o título dedicado às sociedades coligadas apenas se aplica às relações que entre si estabeleçam *sociedades* (por quotas, anónimas e em comandita por ações). Note-se, porém, que o mesmo já não acontecerá se estiver em causa uma relação de domínio e os direitos de voto a considerar forem detidos por sociedade dominada pelo participante. Afinal, o legislador mobiliário considera possível existir uma relação de domínio entre uma *pessoa singular* e uma sociedade quando, independentemente de o seu domicílio se situar em Portugal ou no estrangeiro, aquela possa exercer sobre esta, direta ou indiretamente, uma influência dominante[64]. O segundo, em qualquer caso, uma vez que apenas se dirige aos participantes que são sociedades e manda considerar, no cômputo da sua participação qualificada, além dos inerentes às ações de que esse participante tenha a titularidade ou o usufruto, os direitos de voto detidos pelos membros dos seus órgãos de administração e de fiscalização.

[63] Cfr. Carlos Costa Andrade / Miguel Stokes – *Contributo para o estudo da imputação de direitos de voto no contexto do dever de lançamento de OPA*, Cadernos do Mercado de Valores Mobiliários sobre os 20 Anos do Código dos Valores Mobiliários, 2021, p. 61 a 93, em especial p. 66 e ss. e 83 e ss.

[64] Cfr. o art. 21º, nº 1, do CVM.

Uma vez respeitadas tais limitações, parece-nos efetivamente que os critérios de imputação de direitos de voto poderão (leia-se deverão) ser utilizados para os efeitos de aferição da qualidade de beneficiário efetivo, como outros indicadores de controlo ou demais circunstâncias que possam indiciar um controlo por outros meios. De outra forma, o legislador não teria excluído do âmbito de aplicação do RJRCBE as sociedades com ações admitidas à negociação em mercado regulamentado. Fê-lo por considerar, precisamente, que os dois regimes de transparência (de comunicação de participações qualificadas e de declaração do beneficiário efetivo) eram equivalentes e permitiam a prossecução do mesmo fim: dar a conhecer quem é que, em última instância, detém a «propriedade» ou o controlo da sociedade, a par da permanência ou instabilidade da sua posição e das especificidades do seu poder de domínio (titularidade direta ou indireta e plena ou limitada das participações sociais, percentagens de direitos de voto e fórmulas de legitimação do seu aproveitamento e exercício). Se preferirmos, dar a conhecer quem é que, em última instância, está em condições de determinar os desígnios sociais e de utilizar, de forma mais ou menos abusiva, a estrutura societária para a prossecução dos seus próprios fins. Qualquer que seja a sua designação: acionista indireto, participante ou beneficiário efetivo.

ÍNDICE